A. MISCOPEIN

FORMULES UNIVERSELLES UNIQUES

POUR LES DIVERSES SORTES

D'ACTES D'ÉTAT CIVIL

AVEC NOTES INDICATIVES

Prix : 1 fr. 25 c.

PARIS

SOCIÉTÉ D'IMPRIMERIE ET LIBRAIRIE ADMINISTRATIVES ET DES CHEMINS DE FER
PAUL DUPONT, Éditeur
4, RUE DU BOULOI, 4

1892

FORMULES UNIVERSELLES UNIQUES

OUVRAGES PRATIQUES DE M. MISCOPEIN

Secrétaire de mairie en retraite à Nogent-sur-Marne (Seine).

Se trouvant chez l'auteur et dans les librairies ci-après désignées.

Formulaire du praticien de l'état civil, *contenant la formule de chacun des actes de l'état civil, et des modèles pour les certificats, procès-verbaux et autres documents qui se rattachent à l'état civil.* Ouvrage recommandé par M. le Ministre de l'Intérieur, honoré d'une souscription par M. le Ministre des Affaires étrangères, approuvé par M. le Sous-Secrétaire d'État des Colonies, et apprécié favorablement par plusieurs magistrats de la Cour de Cassation. 1890, 1 vol. gr. in-8°. Librairie Paul Dupont, à Paris, rue du Bouloi, n° 4. Prix. . . . . 5 fr. 50

La Science du praticien de l'état civil. *Exposition des règles applicables à la préparation et à la rédaction des actes de l'état civil, ainsi qu'à l'accomplissement des formalités qu'ils entraînent.* Ouvrage correspondant par ses numéros au *Formulaire du praticien de l'état civil,* honoré des mêmes recommandations, souscriptions, approbations et appréciations. 1890, 1 vol. gr. in-8°. Même librairie Paul Dupont. Prix. . . . . 7 fr. 50

Funérailles, Honneurs funèbres et Sépultures, *comprenant :* 1° *l'exposé de l'organisation et de l'administration des services mortuaires;* 2° *la législation qui réglemente lesdits services, qui fixe les honneurs funèbres publics à rendre, suivant les titres et qualités des ayants droit, aux hauts fonctionnaires et dignitaires de l'État, aux membres de la Légion d'honneur, aux maires, etc. ;* 3° *les formules à employer par les administrateurs et par les particuliers pour le fonctionnement desdits services et la reddition des honneurs.* Ouvrage recommandé par M. le Ministre de l'Intérieur, honoré des suffrages de M. Léon Bourgeois, Ministre de l'Instruction publique et des Beaux-Arts ; apprécié favorablement par dès magistrats de la Cour de Cassation et placé, en vertu d'une délibération du Conseil municipal de Paris, dans les bibliothèques des mairies de la ville. 1890, 1 vol. gr. in-8°. Même librairie Paul Dupont. Prix. . . . . 4 fr.

Pompes funèbres. *Organisation et exécution du service dans les paroisses et communes.* Ouvrage recommandé par M. le Ministre de l'Intérieur, honoré des suffrages de M. le Ministre de l'Instruction publique, de témoignages favorables de membres de la Cour de Cassation, d'une souscription de M. le Conseiller d'État, directeur des Cultes, ainsi que de souscriptions de plusieurs Archevêques et Évêques. 1890, 1 vol. gr. in-8°. Même librairie Paul Dupont. Prix. . . . . 3 fr. 50

Naissances, Mariages et Décès. *Formalités qu'ils occasionnent; droits qu'ils confèrent ; devoirs qu'ils imposent.* Contenant l'exposé des démarches, déclarations et justifications à faire par les personnes que la loi rend responsables de l'accomplissement des formalités d'état civil, par celles qui préparent la célébration d'un mariage et par celles qui recueillent une succession. Contenant aussi le texte des articles de lois qui règlent les droits et devoirs respectifs des époux, des pères et mères, des enfants majeurs ou mineurs, des tuteurs et subrogés-tuteurs, des donataires et légataires, ainsi que le tarif des droits de succession. Ouvrage honoré d'une souscription par le Conseil général de la Seine, qui l'a mis à la disposition du public dans toutes les bibliothèques communales du département. Décembre 1889. 1 vol. in-8°. Librairie Cotillon, Pichon successeur, à Paris, rue Soufflot, n° 24. Prix : relié, 4 francs; broché. . . . . 2 fr. 75

A. MISCOPEIN

FORMULES UNIVERSELLES UNIQUES

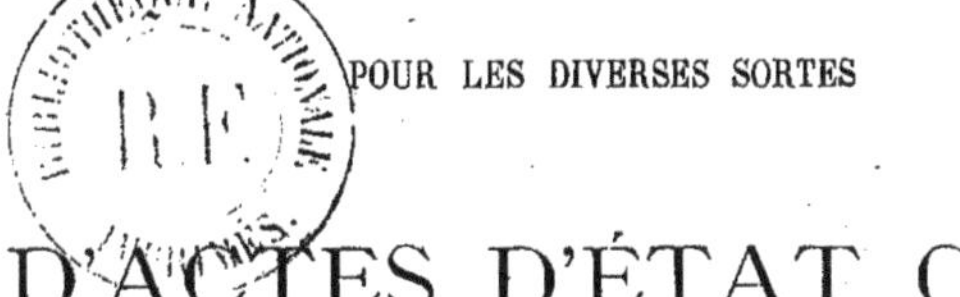

POUR LES DIVERSES SORTES

D'ACTES D'ÉTAT CIVIL

AVEC NOTES INDICATIVES

PARIS

SOCIÉTÉ D'IMPRIMERIE ET LIBRAIRIE ADMINISTRATIVES ET DES CHEMINS DE FER

PAUL DUPONT, Éditeur

4, RUE DU BOULOI, 4

1892

INDEX

N.-B. — Pour faciliter la lecture et l'intelligence du sens des formules d'actes, il a été ménagé dans ces formules des alinéas et des blancs. On devra ne perdre jamais de vue, qu'il faut ne laisser ni alinéas ni blancs dans les actes, d'après les prescriptions de l'article 42 du Code civil, sous les peines portées en l'article 50 du même Code.

REMARQUES

1° *Concernant toutes les formules d'actes.*

Les numéros placés en regard des énonciations des formules sont ceux sous lesquels ces énonciations sont inscrites dans le *Formulaire du praticien de l'état civil*, ouvrage de M. Miscopein dont les présentes formules sont extraites.

Ils correspondent aux numéros de *La science du praticien de l'état civil*, autre ouvrage connexe du même auteur, donnant la raison et la justification des énonciations du *Formulaire*.

2° *Concernant les actes de mariage.*

En raison de ce que la rédaction des actes de mariage est subordonnée à l'éventualité de circonstances extrêmement variées dont le détail entier, rien que pour la filiation, rendrait le sens de la formule difficile à suivre, on a dû, pour faciliter une rédaction claire, prendre les combinaisons spéciales que voici :

Une formule cadre est d'abord donnée comme type de l'acte de mariage où il y a le moins de complications. On y a compris seulement les énonciations fondamentales que tout acte de mariage doit contenir, et, en note, on a inscrit le texte en rapport avec la situation la plus simple, lequel est à insérer dans les blancs réservés pour l'énoncé de la situation particulière à chaque futur.

Cette formule cadre a servi à la préparation de celle qui la suit, intitulée : « Acte de mariage. Formule universelle ». Là, toutes les circonstances possibles, autres que celle de la filiation des futurs époux, ont été prévues ; elles ont été énoncées à la place qui leur avait été ménagée, et, pour ne pas laisser de lacune dans la rédaction, on a choisi, parmi les circonstances relatives à la filiation des futurs et au consentement des parents, celle de chaque sorte qui se présente le plus souvent.

L'appendice A (tableau synoptique), indique toutes les autres situations possibles des futurs époux, concernant leur filiation et le consentement de leurs parents. Si l'on ne se trouve pas en présence de la situation supposée, on aura donc recours à cet appendice A, renvoyant par la lettre alphabétique sous laquelle la situation vraie est inscrite, à l'appendice B où se trouvent les énonciations applicables.

L'appendice B donne, comme on vient de le dire, sous la lettre alphabétique correspondant à l'appendice A, le texte de l'énoncé de la situation filiale exacte, qui doit remplacer dans la formule l'énoncé de la situation supposée, et il indique, par un numéro, le texte placé à côté, applicable à l'énonciation du consentement des parents ou des circonstances qui dispensent de ce consentement, suivant la situation.

Quant à la *Note-répertoire* qui forme l'appendice C, c'est le texte imprimé d'une feuille destinée à renfermer les pièces du dossier. Les indications qu'elle porte guideront l'officier d'état civil dans l'application des moyens qu'il a d'être renseigné exactement sur la situation légale des futurs époux, dans l'inscription des notes qu'il doit consigner, et dans la direction qu'il doit donner à l'accomplissement des formalités préparatoires à la célébration du mariage, ainsi qu'à la production de toutes les pièces nécessaires, afin d'assurer la régularité de ces pièces et la rédaction irréprochable de l'acte de mariage.

FORMULES UNIVERSELLES UNIQUES

OBSERVATION GÉNÉRALE

Les prescriptions légales qui dominent toutes les formules du présent recueil sont celles du titre II, livre Ier du Code civil, intitulées : **Des Actes de l'État civil,** (articles 34 à 101), et encore celles qui sont comprises au titre V et intitulées : **Du Mariage,** sous les articles 144 à 202, 227 à 252, 295 à 298 du même livre ; desquels articles la rédaction définitive a été fixée par les lois des 27 juillet 1884 et 18 avril 1886, relatives au divorce ; enfin, celles de la loi du 24 juillet 1889, sur la protection des enfants maltraités ou moralement abandonnés et la **déchéance de la puissance paternelle.**

N° 1. — Acte de naissance (a)

Date, mois, année et heure où l'acte est dressé.	99	Du mil huit cent quatre-vingt , à heure d ,
Prénoms donnés à l'enfant.	100	. Acte de naissance de
Son nom de famille, si le nouveau-né est enfant légitime ou enfant naturel reconnu par son père.	101	
Sexe de l'enfant.	102	du sexe
Date et heure de la naissance.	103	né le , à heure du
Lieu de la naissance.	104	à N , rue , n° , enfant
Si l'enfant est *posthume*, le dire.	105	posthume (a)
Si l'enfant est *jumeau*, le dire.	106	jumeau premier né (*ou* deuxième né)
Filiation de l'enfant, suivant qui il est : A. Enfant légitime.	107	de

(*prénoms, nom, profession, âge du père* (b) et de   (*prénoms, nom, profession, âge de la mère*), son épouse, demeurant ensemble (c) à l'adresse ci-dessus indiquée (*ou* à   , rue   , n°).

B. Enfant naturel reconnu par son père, la mère désignée.

(*prénoms, nom, profession, âge et domicile du père ; — s'il est présent, dire :* lequel déclare s'en reconnaître le père ; — *s'il est représenté par un mandataire, dire :* lequel s'en est reconnu le père, aux termes de la procuration ci-après énoncée), — et de... (*prénoms, nom, profession, âge et domicile de la mère*), non mariés.

---

(1) Voyez le *nota bene* qui suit l'Index placé en tête de ce recueil.
(a) (b) (c) Lorsqu'il s'agira de la naissance d'un enfant légitime posthume, on remplacera l'indication de l'âge du père par l'indication du lieu et de la date de son décès, et l'on omettra le mot « ensemble » qui se trouve dans l'indication de la demeure.

N° 1. — Acte de naissance (*suite*) (A).

C. Enfant naturel reconnu par son père, la mère non désignée.

(*prénoms, nom, profession, âge et domicile du père ;* — *s'il est présent, dire :* lequel déclare s'en reconnaître le père ; — *s'il est représenté par un mandataire, dire :* lequel s'en est reconnu le père, aux termes de la procuration ci-après énoncée), — et de mère non désignée.

D. Enfant naturel non reconnu, sa mère désignée.

(*prénoms, nom, profession, âge et domicile de la mère*) non mariée.

E. Enfant naturel non reconnu, la mère non désignée.

père et mère non désignés.

Prénoms et nom de l'officier d'état civil.   36

Dressé par nous...

Qualité de l'officier d'état civil.   6 ,11, 36

Si c'est le maire qui dresse l'acte : Maire, officier de l'état civil de la commune de , canton de , arrondissement de , département de ,

En cas de délégation donnée par le maire à un adjoint : Adjoint au maire de la commune de , canton de , arrondissement de , département de , remplissant, par suite d'un arrêté de délégation du maire en date du , les fonctions d'officier de l'état civil de ladite commune (a),

En cas de délégation donnée par le maire à un conseiller municipal : Conseiller municipal de la commune de , canton de , arrondissement de , département de , remplissant en l'absence (*ou* en l'empêchement) des adjoints (*ou* de l'adjoint), et en vertu d'une délégation spéciale du maire en date du , les fonctions d'officier de l'état civil de ladite commune,

En cas d'absence ou d'empêchement du maire, sans délégation : (*s'il y a lieu :* premier ou second) Adjoint au maire, remplissant, par suite d'absence *ou* d'empêchement) du maire (*s'il y a lieu :* et du premier adjoint), les fonctions d'officier de l'état civil de la commune de , canton de , arrondissement de , département de ,

En cas d'absence ou d'empêchement du maire et des adjoints, sans délégation : Conseiller municipal de la commune de , canton de , arrondissement de , département de , remplissant par suite de l'absence et de l'empêchement du maire, des adjoints et des conseillers les premiers inscrits au tableau des conseillers municipaux, les fonctions d'officier de l'état civil de ladite commune,

En cas où une commission spéciale remplace un conseil municipal dissous ou dont les membres sont démissionnaires : Président (*ou* Vice-Président, en l'absence du président) de la commission spéciale nommée par décret du remplissant les fonctions de maire, officier de l'état civil de la commune de , canton de , arrondissement de , département de ,

En cas où l'acte est dressé par l'adjoint spécialement nommé pour recevoir les actes d'état civil dans la fraction de commune qu'il habite : Adjoint spécial, chargé de remplir les fonctions d'officier de l'état civil dans la section dite , dépendant de

---

(A) Voyez le *nota bene* qui suit l'Index placé en tête de ce recueil.

(*a*) Cette partie de formule, qui s'applique à toutes les communes de France à l'exception de Paris, est la seule qui soit applicable à Lyon, sauf à substituer aux mots « commune de   » ceux de « premier ou second, etc., arrondissement de la ville de   ».

N° 2. — Procès-verbal (*suite*).

---

de   et le nom de   , et nous avons décidé qu'il serait immédiatement transporté et déposé avec les vêtements et effets ci-dessus désignés, à l'hospice de   , par les soins de (*prénoms, nom, âge, profession et domicile*) à qui nous l'avons confié et qui s'en est chargé.

De tout ce que dessus avons dressé (2) [pour être transcrit et annexé au registre des actes de naissance de notre commune] le présent procès-verbal, dont nous avons donné lecture à tous les sus-nommés, qui l'ont signé avec nous (—*ajouter s'il y a lieu:* à l'exception de   qui a déclaré ne savoir signer) en mairie (3) [*ou* au domicile dudit   ] ledit jour   (*répéter la date*) à   heure

---

119

N° 3. — Acte de transcription.

sur le registre des naissances, du procès-verbal dressé au dehors par l'officier d'état civil, constatant l'exposition d'un enfant trouvé inconnu (A).

Date, mois, année et heure de l'acte.	34	Le mil huit cent , à heures d ,
Prénoms et nom de l'officier d'état civil.	36	Nous...
Qualité de l'officier d'état civil.	6, 11, 36	*Si c'est le maire qui dresse l'acte :* Maire, officier de l'état civil de la commune de , canton de , arrondissement de , département de ,

Si c'est un autre fonctionnaire, se conformer aux indications de la formule n° 1, suivant le cas.

Titres honorifiques de l'officier d'état civil, s'il y a lieu.	38	
Lieu où l'acte est dressé.	35	Avons, en la mairie, transcrit sur le présent registre, conformément à l'article cinquante-huit du Code civil, le procès-verbal dressé par nous aujourd'hui et dont la teneur suit :

(Copier le procès-verbal en entier, et rapporter, à la suite, les signatures qui y sont apposées.)

Signature de l'acte.	45	De laquelle transcription nous avons dressé le présent acte que nous avons signé, après y avoir annexé le procès-verbal transcrit, dûment parafé par nous.
Parafe et annexe de la pièce transcrite.	47	

A) Voyez le *nota bene* qui suit l'Index placé en tête de ce recueil.
(2) (3) Voyez la note (1) (2) (3) au bas de la page précédente.

120

Nº 4. — Acte de la présentation d'un enfant trouvé inconnu

dont l'exposition a été constatée par un officier de police judiciaire autre que l'officier d'état civil (A).

Date, mois, année et heure de l'acte. 34	L'an mil huit cent , le , à heure du ,
Prénoms et nom de l'officier d'état civil. 36	Devant nous...

Qualité de l'officier d'état civil. 6, 11, 36

Si c'est le maire qui dresse l'acte : Maire, officier de l'état civil de la commune de   , canton de   , arrondissement de   , département de   ,
Si c'est un autre fonctionnaire, se conformer aux indications données dans la formule nº 1, suivant le cas.

Titres honorifiques de l'officier d'état civil, s'il y a lieu. 38

A comparu   (*prénoms, nom, âge, profession et domicile*).
Lequel nous a présenté un enfant du sexe   , paraissant âgé d'environ   , nous déclarant que cet enfant a été trouvé par lui le   , ainsi qu'il résulte, au surplus, d'un procès-verbal dressé par le commissaire de police de   dont un double, parafé par le comparant et par nous, restera annexé au présent registre, ledit procès-verbal ainsi conçu : (*transcrire littéralement*).

Prénoms et nom donnés par l'officier d'état civil à l'enfant. 121

Nous avons donné à cet enfant les prénoms de   et le nom de   .

Tutelle sous laquelle l'enfant est placé. 122

L'enfant a été remis entre les mains de   (*prénoms, nom, âge, profession et domicile*), pour être conduit par cette personne, ainsi qu'elle s'en est chargée, à l'hospice de   .

Lieu où l'acte est dressé. 35
Témoins présents à l'acte. 37, 39
Lecture de l'acte. 45
Signature. 45
Si quelqu'un des déclarant et témoins n'a pas signé, désigner lequel et faire connaître la cause de son empêchement. 45

De tout quoi nous avons, en la mairie, en présence de   (*prénoms, noms, professions, âges et domiciles des deux témoins*), dressé le présent acte, dont nous avons donné lecture au comparant et aux témoins, et l'avons signé avec eux.

130

Nº 5. — Acte de la reconnaissance d'un enfant naturel

faite par les père et mère ou par l'un d'eux (A).

Date, mois, année et heure de l'acte. 34

Le   mil huit cent   ,   heure   du   ,

Prénoms et nom de l'officier d'état civil. 36

Par devant nous...

Qualité de l'officier d'état civil. 6, 11. 36

Si c'est le maire qui dresse l'acte : Maire, officier de l'état civil de la commune de   , canton de   , arrondissement d   , département de   ,
Si c'est un autre fonctionnaire, se conformer aux indications de la formule nº 1, suivant le cas.

Titres honorifiques de l'officier d'état civil, s'il y a lieu. 38

(A) Voyez le *nota bene* qui fait suite à l'Index placé en tête de ce recueil.

N° 5. — Acte de la reconnaissance d'un enfant naturel
(*suite*) (A).

Ont comparu (B)

34

Prénoms, noms, âges, professions et domiciles des deux personnes comparantes.	

Lesquels ont déclaré reconnaître pour leur fils (*ou* leur fille) l'enfant du sexe   , né le   mil huit cent   , dans la commune de   , canton de   , arrondissement de   , département de   , inscrit sur le registre des naissances de ladite commune le   , sous les prénoms de   , comme fils (*ou* fille) de   et de   (C).

De laquelle déclaration nous avons, en la maison commune, dressé le présent acte, en présence de   (*prénoms, noms, professions, âges et domiciles des deux témoins*).

Et ont les comparants et témoins signé avec nous, après lecture.

134

N° 6. — Acte de transcription
d'acte et d'arrêt d'adoption (A).

Le   mil huit cent   , à   heure du   ,

Nous...

Si c'est le maire qui dresse l'acte : Maire, officier de l'état civil de la commune de   , canton de   , arrondissement de   , département de   ;

Si c'est un autre officier public, se conformer aux indications de la formule n° 1, suivant le cas.

A la suite de la réquisition à nous faite par   (*prénoms, nom, profession âge et domicile*) — qui s'est présenté devant nous à cet effet, — *ou* laquelle réquisition, écrite sur feuille de papier timbré, demeurera ci-annexée après avoir été parafée par nous, — *ou* laquelle réquisition faite par exploit de huissier à   , en date de ce jour, demeurera ci-annexée après avoir été parafée par nous ;

(A) Voyez le *nota bene* qui suit l'Index placé en tête de ce recueil.

(B) Si le père seul ou la mère seule comparaît pour reconnaître son enfant, les prénoms, nom, âge, profession et domicile de la personne comparante seront seuls énoncés, et la formule n'aura d'autre changement à subir que la substitution du singulier au pluriel dans les énonciations qui se rapportent aux comparants.

Si, par suite de circonstances exceptionnelles et rares, le comparant est un mandataire, on énoncera cette qualité à la suite de l'énoncé de son domicile, ainsi qu'il suit : — « agissant au nom et comme mandataire de   (*prénoms,* « *nom, profession et domicile du mandant, son âge, si on peut le connaître*) aux termes d'une procuration spéciale passée « devant maître   , notaire à   , le   mil huit cent   , dont l'expédition parafée par la partie « produisante et par nous, demeurera annexée au présent registre » — et sa déclaration sera enregistrée ainsi : « lequel « a déclaré reconnaître pour le fils (*ou* la fille) de son mandant (*ou* sa mandante) l'enfant   (*le reste comme en la* « *formule.*)

(C) Dans le cas où, par suite d'une omission que le comparant aurait à faire immédiatement réparer par jugement, la naissance de l'enfant n'aurait pas été inscrite, au lieu de dire : *inscrit sur les registres*, on dirait : *et qui a été élevé sous les prénoms de*   *et le nom de*   , *par*   (*prénoms, nom, profession et domicile.*)

N° 6. — Acte de transcription (*suite*).

Avons, immédiatement après réception, transcrit sur le présent registre l'acte d'adoption et l'arrêt approbatif dont la teneur suit — à nous remis par le requérant — *ou* joints à ladite réquisition.

(Copier le texte entier de l'acte dressé par le juge de paix en rapportant, à la fin, les mentions et signatures qui y sont apposées. Copier ensuite en entier l'arrêt de cour d'appel confirmant l'adoption, en rapportant aussi les signatures y apposées.)

Lieu où l'acte est dressé.	35

De laquelle transcription nous avons, en la maison commune, dressé le présent acte que nous avons signé, après y avoir

Parafe et annexe des pièces transcrites.	47

annexé l'acte et l'arrêt transcrits préalablement parafés par nous ; — *si le requérant est présent, ajouter :* et par le requérant,

Lecture et signature de l'acte.	45

auquel nous avons donné lecture dudit acte de transcription et qui l'a signé avec nous (*ou* a déclaré ne savoir signer, *ou* ne pouvoir signer à cause d'un accident paralysant, en ce moment, sa main droite).

176

N° 7. — Acte de la première publication du mariage projeté (A).

Date de l'acte.	177	
Heure de l'acte.	178	

L'an mil huit cent quatre-vingt   , le dimanche à   heure   d   ,

Prénoms et nom de l'officier d'état civil.	179	

Nous...

Qualité de l'officier d'état civil.	179	

Si c'est le maire qui dresse l'acte : Maire, officier de l'état civil de la commune de   , canton de   , arrondissement de   , département de   ,

En cas de délégation donnée par le maire à un adjoint : Adjoint au maire de la commune de   , canton de   , arrondissement de   , département de   , remplissant, par suite d'un arrêté de délégation du maire, en date du   , les fonctions d'officier de l'état civil de ladite commune (*a*),

En cas de délégation donnée par le maire à un conseiller municipal : Conseiller municipal de la commune de   , canton de   , arrondissement de   , département de   , remplissant en l'absence (*ou* en l'empêchement des adjoints *ou* de l'adjoint), et en vertu d'une délégation spéciale du maire, en date du   , les fonctions d'officier de l'état civil de ladite commune,

---

(A) Voyez le *nota bene* qui suit l'Index placé en tête de ce recueil.
(*a*) Cette partie de formule qui s'applique à toutes les communes de France, à l'exception de Paris, est la seule qui soit applicable à Lyon, sauf à substituer aux mots « commune de   » ceux de « premier ou deuxième, etc., arrondissement de la ville de   ».

N° 7. — Acte de la première publication
du mariage projeté (*suite*) (A).

En cas d'absence ou d'empêchement du maire, sans délégation :
(*s'il y a lieu* : Premier *ou* Second) Adjoint, remplissant, par suite
d'absence (*ou* d'empêchement) du maire (*s'il y a lieu :* et du
premier adjoint) les fonctions d'officier de l'état civil de la commune de   ·   , canton de   , arrondissement de
, département de   ,

En cas d'absence ou d'empêchement du maire et des adjoints :
Conseiller municipal de la commune de   , canton de
, arrondissement de   , département de   , remplissant, par suite de l'absence et de l'empêchement du maire,
des adjoints et des conseillers les premiers inscrits au tableau
des conseillers municipaux, les fonctions d'officier de l'état civil
de ladite commune,

*En cas où une commission spéciale remplace un conseil mu-
nicipal dissous ou dont tous les membres sont démissionnaires :*
Président (*ou* Vice-Président, en l'absence *ou* l'empêchement du
président) de la commission spéciale nommée par décret du
, remplissant les fonctions de maire, officier de l'état civil
de la commune de   , canton de   , arrondissement
de   , département de   ,

*En cas où l'acte est dressé par l'adjoint spécialement nommé
pour recevoir les actes d'état civil dans la fraction de commune
qu'il habite :* Adjoint spécial chargé de remplir les fonctions d'officier de l'état civil dans la section dite   , dépendant de
la commune de   , canton de   , arrondissement de
, département de   ,

*Si c'est un adjoint qui dresse l'acte dans un des arrondisse-
ments de Paris :* Adjoint au maire, officier de l'état civil du
arrondissement de la ville de Paris,

Titres honorifiques de l'officier d'état civil, s'il y a lieu.	179	
Mention que la publication est la première.	180	Avons publié et affiché pour la première fois, au devant de la principale porte de la maison commune (*b*), la promesse du mariage projeté entre...
Prénoms, nom et profession du futur, ses titres et décorations s'il en a.	181	
Domicile du futur.	182	demeurant
Sa qualité de mineur, mineur quant au mariage, ou majeur.	183	m

---

(A) Voyez le *nota bene* qui suit l'Index placé en tête de ce recueil.
(*a*) Si l'acte est passé par un adjoint spécial, on remplace ces derniers mots par ceux-ci : « devant la porte de notre habitation servant de maison commune ».

Nº 7. — Acte de la première publication du mariage projeté *(suite)*.

Age du futur (énonciation non obligatoire).	184	âgé de
Son état de veuf ou d'époux divorcé, avec indication des prénoms et nom de sa précédente épouse.	185	
Filiation du futur (prénoms, noms, professions de ses père et mère, leur domicile s'ils existent, mention qu'ils sont décédés ou empêchés s'il y a lieu).	186, 187	fils de
Désignation des personnes remplaçant les père et mère, si c'est à la municipalité de leur domicile que la publication est faite.	187 obs.	
Prénoms, nom et profession de la future.	188	Et ..
Son domicile.	189	demeurant
Sa qualité de mineure ou majeure.	190	m
Son âge (énonciation non obligatoire).	191	âgée de
Son état de veuve ou d'épouse divorcée, avec indication des prénoms et nom de son précédent époux.	192	
Filiation de la future (prénoms, noms, professions de ses père et mère, leur domicile s'ils existent, mention qu'ils sont décédés ou empêchés s'il y a lieu).	193, 194	fille de
Désignation des personnes remplaçant les père et mère, si c'est à la municipalité de leur domicile que la publication est faite.	194 obs.	
Rédaction immédiate et signature de l'acte.	195	De laquelle publication nous avons dressé immédiatement le présent acte que nous avons signé.

Nº 8. — Acte de la seconde publication du mariage projeté (A).

196

Date de l'acte.	197	L'an mil huit cent quatre-vingt , le dimanche
Heure de l'acte.	198	à heure d ,
Prénoms, nom, qualité de l'officier de l'état civil, avec ses titres honorifiques s'il y a lieu (comme en la formule nº 7).	199	Nous ...
Mention que la publication est la seconde.	200	avons publié et affiché, pour la seconde fois, au devant de la porte principale de la maison commune (*a*), la promesse déjà publiée le dimanche , ainsi que l'a constaté l'acte dressé à cette date, dont un extrait a été aussitôt et est resté jusqu'à présent affiché audit endroit, du mariage projeté entre
(Mêmes énonciations que celles indiquées nºˢ 181 à 195 dans la formule nº 7.)	201	

(A) Voyez le *nota bene* qui suit l'Index placé en tête de ce recueil.
(*a*) Si l'acte est dressé par un adjoint spécial, on remplace ces derniers mots par ceux-ci : « devant la porte de notre habitation servant de maison commune. »

N° 8. — Acte de la seconde publication
du mariage projeté (*suite*).

De laquelle publication nous avons dressé immédiatement le présent acte que nous avons signé.

---

202   ## N° 9. — Acte de transcription sommaire.
d'une opposition à mariage (A).

N°

OPPOSITION AU MARIAGE

X et Y.

(*a*)

Date, mois, année et heure de l'acte.	34	L'an mil huit cent quatre-vingt , le , à heure d ,
Prénoms et nom de l'officier d'état civil.	36	Nous ...
Qualité de l'officier de l'état civil.	36	*Si l'acte est dressé par le maire :* Maire, officier de l'état civil de la commune de , canton de , arrondissement de , département de ,

Si l'acte est dressé par un autre officier public, se conformer aux indications de la formule n° 7, suivant le cas.

Ses titres honorifiques, s'il y a lieu. 38

avons reçu copie de l'exploit de   , huissier à   , en date de ce jour, par lequel   (*prénoms, nom, profession et domicile de l'opposant*) s'oppose, en sa qualité de   , au mariage projeté entre le sieur   et la dame   , dont la première publication a été faite à notre mairie le dimanche   , d'après l'acte inscrit n°   ci-dessus. Après avoir visé l'original dudit exploit [*s'il y a lieu ajouter :* et y avoir mentionné que déjà nous avons délivré aux parties un certificat constatant qu'aucune opposition ne nous était parvenue], nous avons dressé le présent acte de constatation que nous avons signé (*b*).

Signature de l'acte. 45

(A) Voyez le *nota bene* qui suit l'Index placé en tête de ce recueil.
(*a*) Cette inscription doit être mise en marge du présent acte de transcription, au niveau du commencement de cet acte.
(*b*) OBSERVATION. — C'est en marge du présent acte de transcription que l'acte ou le jugement prononçant mainlevée de l'opposition devra être mentionné.
Cette opposition doit être signalée en marge de l'acte de première publication par une note ainsi conçue : « Voir opposition inscrite sous le n°   du présent registre. »

205

N° 10. — Acte de mariage

formule cadre (1), (A), (B).

Date, mois, année et heure de l'acte. — 206

L'an mil huit cent . , le , à heure
d ,

Lieu de la célébration du mariage. — 207

En la maison commune (*sauf le cas de mariage* in extremis)

Prénoms, nom, titres honorifiques, s'il y a lieu, et qualité de l'officier d'état civil suivant les indications de la formule n° 11. — 208

et par devant nous ...
officier de l'état civil de la commune de , canton
de , arrondissement de , département de ,
Sont comparus :

Prénoms et nom du futur. — 209
Sa profession. — 210
Son domicile. — 211
Sa qualité de mineur, mineur quant au mariage, ou majeur. — 212

demeurant à
m

Son âge. — 213

âgé de

Lieu et date de sa naissance. (215) — 214

né à , département de , le

Filiation du futur (prénoms, noms et professions de ses père et mère et, s'ils sont vivants, leurs âges et leur domicile (C). — 216

fils

Consentement des parents du futur ou circonstances qui en dispensent (E). (221, 222) — 217 à 220

Prénoms et nom de la future. — 223
Sa profession. — 224

Et

Son domicile. — 225

demeurant à
m

Sa qualité de mineure ou majeure. — 226

Son âge. — 227

âgée de

Lieu et date de sa naissance. (229) — 228

née à , département de , le

Filiation de la future (prénoms, noms, professions de ses père et mère et, s'ils sont vivants, leurs âges et domicile (D). — 230

fille

Consentement des parents de la future ou circonstances qui en dispensent (F). — 231 à 234 bis

(235 à 239)

Lesquels nous ont requis de procéder à la célébration du mariage projeté entre eux,

Dates des publications faites dans la commune où est célébré le mariage. — 240

dont les publications ont été faites à la mairie de ,
les dimanches , ainsi que le constatent les actes inscrits à ces dates sur le registre des publications de cette commune, dont nous avons donné lecture.

(241, 242)

Mention de l'absence d'opposition entre les mains de l'officier de l'état civil ou de la mainlevée des oppositions qui lui ont été signifiées. — 243

Aucune opposition ne nous ayant été signifiée,

---

(1) Ce cadre, rempli simplement des énonciations indiquées en toutes lettres en marge et dans les deux renvois C, D, formera l'acte de mariage complet d'un homme et d'une femme majeurs qui sont tous les deux enfants naturels non reconnus et qui ont leur domicile de droit établi depuis plus de six mois dans la commune où ils se marient.

(A) Voyez le *nota bene* qui suit l'Index placé en tête de ce recueil.

(B) Les numéros mis entre parenthèses se rapportent à des circonstances qui ne se rencontrent pas pour tous les mariages. Ils sont rappelés seulement ici pour ordre. On en voit la signification dans la formule universelle n° 11.

(C) Si le futur est enfant naturel non reconnu, on se bornera à écrire ici : « fils naturel non reconnu de (prénoms et nom de la mère désignée dans l'acte de naissance); on ajoutera le mot : « décédée » si le décès de la mère est connu, et l'on ne fera aucune mention de sa profession ni de son domicile, connus ou inconnus.

(D) Même observation qu'au renvoi C pour la future, si elle est enfant naturelle non reconnue.

(E) Quand on a déjà énoncé que le futur époux est majeur et enfant naturel non reconnu, ces énonciations dispensent de toute mention relative au consentement de ses parents.

(F) Si l'on a déjà mentionné que la future épouse est majeure et enfant naturelle non reconnue, cette mention dispense de toute énonciation concernant le consentement de ses parents.

N° 10. — Acte de mariage
formule cadre (*suite*) (A) (B).

		Nous, officier de l'état civil, faisant droit à la réquisition des parties,
(244, 245) Visa de l'acte de naissance du futur ou de l'acte qui en tient lieu.	246	Vu
(247) Visa de l'acte de naissance de la future ou de l'acte qui en tient lieu.	248	
(249 à 252) Mention de la lecture donnée par l'officier de l'état civil des pièces produites, du parafe de ces pièces et de leur annexe.	253	de toutes lesquelles pièces, parafées conformément à la loi pour rester annexées au présent acte de mariage, nous avons aussi donné lecture ;
(254, 255, 256, 257, 257 *bis*) Déclaration faite touchant l'existence ou la non-existence d'un contrat de mariage. (258 B)	258 A	Après avoir reçu des futurs époux
(258 D)	258 C	la déclaration qu'il été fait contrat de mariage,
Mention de la lecture donnée par l'officier d'état civil des articles de la loi réglant les droits et les devoirs respectifs des époux.	259	Avons lu aux parties les dispositions du Code civil comprises sous le chapitre six du titre du mariage, concernant les droits et les devoirs respectifs des époux,
Déclaration des contractants de se prendre pour époux.	260	et avons demandé au futur époux et à la future épouse s'ils voulaient se prendre pour mari et pour femme. Chacun d'eux ayant répondu séparément et affirmativement,
Prononcé de l'union par l'officier d'état civil.	261	nous avons prononcé, au nom de la loi, que (*prénoms et nom du futur*) et (*prénoms et nom de la future*) sont unis par le mariage.
(262) (263) Publicité de la célébration.	264	Le tout a été fait publiquement
Témoins.	265	et en présence de
Lecture de l'acte.	266	Après lecture à eux faite du présent acte,
Signatures.	267	les parties et les témoins l'ont signé avec nous.

N° 11. — Acte de mariage
formule universelle (A).

---

§ 1. — Date, mois, année et heure de l'acte de mariage.	206	L'an mil huit cent quatre-vingt , le , à heure d ,
Lieu de la célébration.	207	En la maison commune *Ou, si l'acte est dressé par l'adjoint spécial de la section :* En la maison d'habitation de l'adjoint spécial ci-après nommé, *Ou, dans le cas de mariage* in extremis: Au domicile du sieur (*ou de la dame*), sis à , rue , n° , où l'officier de l'état civil ci-après

---

(A) Voyez le *nota bene* qui suit l'Index placé en tête de ce recueil.
(B) Voyez la note correspondant à cette lettre au bas de la page précédente.

N° 11. — Acte de mariage

formule universelle (*suite*) (A).

nommé s'est transporté, vu l'état de grave maladie atteignant le corps, mais non l'esprit ni l'entendement dudit sieur
(*ou* de ladite dame   ), lequel état est constaté par un certificat délivré par le sieur   , docteur en médecine à   , en date du   , enregistré à   , le   , folio   case   , au droit de   francs   centimes ;

Prénoms et nom de l'officier de l'état civil.	208

Et par-devant nous …

Qualité de l'officier d'état civil.	208

Si c'est le maire qui dresse l'acte : Maire, officier de l'état civil de la commune de   , canton de   , arrondissement de   , département de   ,

En cas de délégation donnée par le maire à un adjoint : Adjoint au maire de la commune de   , canton de   , arrondissement de   , département de   , remplissant, par suite d'un arrêté de délégation du maire en date du   , les fonctions d'officier de l'état civil de ladite commune (a),

En cas de délégation donnée par le maire à un conseiller municipal : Conseiller municipal de la commune de   , canton de   , arrondissement de   , département de   , remplissant en l'absence (*ou* en l'empêchement) des adjoints (*ou* de l'adjoint) et en vertu d'une délégation spéciale du maire, en date du   , les fonctions d'officier de l'état civil de ladite commune,

En cas d'absence ou d'empêchement du maire, sans délégation : (*S'il y a lieu :* Premier *ou* Deuxième) Adjoint au maire, remplissant par suite d'absence (*ou* d'empêchement) du maire (*S'il y a lieu :* et du premier adjoint), les fonctions d'officier de l'état civil de la commune de   , canton de   , arrondissement de   , département de   ,

En cas d'absence ou d'empêchement du maire et des adjoints sans délégation : Conseiller municipal de la commune de   , canton de   , arrondissement de   , département de   , remplissant, par suite de l'absence et de l'empêchement du maire, des adjoints et des conseillers les premiers inscrits au tableau des conseillers municipaux, les fonctions d'officier de l'état civil de ladite commune,

---

(A) Voyez le *nota bene* qui suit l'Index placé en tête de ce recueil.
(*a*) Cette partie de formule, qui s'applique à toutes les communes de France, à l'exception de Paris, est la seule qui soit applicable à Lyon, sauf à substituer aux mots « commune de   » ceux de « premier ou second, etc., arrondissement de la ville de   ».

N° 11. — Acte de mariage
formule universelle (*suite*) (A).

Dans le cas où une commission spéciale remplace un conseil municipal dissous ou dont tous les membres sont démissionnaires : Président (*ou* Vice-Président en l'absence *ou* l'empêchement du président) de la commission spéciale nommée par décret du   , remplissant les fonctions de maire, officier de l'état civil de la commune de   , canton de   , arrondissement de   , département de   ,

Lorsque l'acte est dressé par l'adjoint spécialement nommé pour recevoir les actes d'état civil dans la fraction de commune qu'il habite : Adjoint spécial chargé de remplir les fonctions d'officier de l'état civil dans la section dite   , dépendant de la commune de   , canton de   , arrondissement de   , département de   ,

Si c'est un adjoint qui dresse l'acte dans un des arrondissements de Paris : Adjoint au maire, officier de l'état civil du arrondissement de la ville de Paris,

Titres honorifiques de l'officier de l'état civil, s'il y a lieu.	208	

Sont comparus,

§ 2. — Prénoms et nom du futur. Profession du futur, avec indication des titres nobiliaires ou honorifiques, s'il en a.	209 210	
§ 3. — Domicile du futur.	211	domicilié de droit depuis , à (*Si ce domicile n'a pas six mois de durée, ajouter :* auparavant, pendant plus de six mois, à),

Si le mariage est célébré dans une simple résidence du futur, ajouter encore : et résidant de fait depuis   mois, à   ,

§ 4. — Qualification du futur époux comme mineur, mineur quant au mariage, ou majeur. Age du futur.	212 213	âgé de ans,
Lieu et date de sa naissance.	214	né à , département de , le ,

Ou, si le futur est enfant abandonné : supposé né à   , département de   , vers le   , ainsi qu'il résulte d'un procès-verbal d'abandon inscrit conformément à l'article cinquante-huit du Code civil sur le registre des actes de naissance de ladite commune, le   ,

Ou, s'il n'a été dressé ni acte de naissance ni procès-verbal d'abandon : né à   , département de   , le   , ainsi qu'il résulte d'un acte de notoriété dressé pour suppléer

---

N° 11. — Acte de mariage
formule universelle (*suite*) (A).

---

l'acte de naissance, par le juge de paix du canton de   ,
en date du   , homologué par jugement du tribunal de
première instance, séant à   , en date du   ,

Si le précédent mariage du futur a été dissous,

215 — 1. *Par suite de décès :* veuf de   (*prénoms et nom*),
décédée à   , département de   , le   ;

— 2. *Par suite de jugement d'annulation :* ayant précédemment
contracté avec   (*prénoms et nom*) un mariage qui a été
annulé, ainsi qu'il résulte d'un jugement rendu le   , par
le tribunal civil de   , duquel jugement transcrit sur les
registres de la commune de   où le mariage avait été
célébré, une expédition délivrée par le maire de la susdite commune nous a été produite ;

— 3. *Par suite de divorce :* ayant précédemment contracté
avec   (*prénoms et nom*) un mariage qui a été dissous par
le divorce, *soit :* aux termes d'un jugement en date du   ,
transcrit sur les registres de l'état civil de   , département
de   , le   , de laquelle transcription le futur époux
nous a produit l'expédition dûment enregistrée, avec copie des
certificats de signification et de non-opposition ni appel, — *soit :*
aux termes d'un acte de divorce dressé par l'officier de l'état civil
de   , département de   , le   , dont le futur
époux nous a produit l'expédition enregistrée, relatant le juge-
ment sur lequel l'acte est basé et rappelant la signification de ce
jugement, ainsi que le certificat de non-opposition ni appel. *Si le
jugement qui a été transcrit ou qui a servi de base à l'acte de
divorce n'est devenu définitif qu'après arrêt d'appel, ou même
arrêt de la Cour de cassation, on remplacerait la fin de la phrase
par ceci :* dont le futur époux nous a produit l'expédition relatant
l'arrêt de la cour d'appel et l'arrêt de la Cour de cassation qui
ont confirmé ledit jugement ;

216 *Si le futur époux est enfant légitime, ayant ses père et mère
existants :* fils de   (*prénoms, nom, profession, âge du
père*) et de   (*prénoms, nom, profession et âge de la mère*),
son épouse, demeurant ensemble à   ,

(*Pour les autres cas de filiation, se reporter à celle des situations filiales qui répond à la situation personnelle du futur,
dans le tableau synoptique — appendice A — placé à la fin des
présentes formules d'actes, et suivre le libellé auquel renvoie la
lettre alphabétique correspondante.*)

217 *Si les père et mère sont présents et consentent au mariage :*
tous les deux ici présents et consentants.

(*Pour les autres cas de consentement, insérer dans la formule de filiation correspondant au tableau synoptique — appendice A — placé à la suite des présentes formules d'actes et
à l'endroit du renvoi 217 qu'elle porte, celle des cinq énonciations de ce renvoi qui s'applique à la situation du futur.*)

Etat du futur à l'égard de la dissolution d'un précédent mariage, s'il y a lieu. — **215**

5. — Filiation du futur. — **216**

Accomplissement des devoirs filiaux justifié par le consentement des parents du futur. — **217**

(A) **Voyez** le *nota bene* qui suit l'Index placé en tête de ce recueil.

Nº 11. — Acte de mariage

formule universelle (*suite*) (A).

<table>
<tr><td>Accomplissement des devoirs filiaux justifié par des actes respectueux faits aux parents du futur.</td><td>218</td><td>

Si le futur époux, enfant légitime, âgé de plus de 25 ans et de moins de 30 ans, n'a pas obtenu le consentement de ses père et mère et leur a fait des actes respectueux, substituer à la formule du n° 217, celle-ci : ledit comparant agissant en vertu des droits que lui donne son âge, en raison de ce qu'il a en vain demandé à ses père et mère leur consentement, aux termes de trois actes respectueux notifiés par maître notaire à   , les   , et à nous produits.

(Pour les autres cas d'actes respectueux, insérer dans la formule de filiation correspondant au tableau synoptique — appendice A — placé à la suite des présentes formules d'actes et à l'endroit du renvoi 218 qu'elle porte, celle des trois énonciations de ce renvoi qui s'applique à la situation du futur.

</td></tr>
<tr><td>Décès des ascendants du futur.</td><td>219</td><td>

Si les père et mère sont décédés, on ajoute à la suite de la profession de chacun d'eux, dans la formule 216 ci-dessus, les mots décédé à   , département de,   le   , *et on retranche de cette formule l'indication de l'âge et du domicile.*

(Pour les cas de décès d'autres ascendants, ajouter à la formule de filiation correspondant au tableau synoptique — appendice A — placé à la suite des présentes formules d'actes, et à l'endroit du renvoi 219 qu'elle porte, l'indication des lieux et dates de décès des ascendants qui sont décédés.)

</td></tr>
<tr><td>Empêchements physiques ou légaux des ascendants du futur.</td><td>220</td><td>

Si le père du futur époux est empêché par suite d'absence déclarée ou ayant fait l'objet d'un jugement d'enquête, on retranche de la formule n° 216 ci-dessus l'indication de son âge et de son domicile, et on y substitue l'énonciation suivante : absent, ainsi qu'il résulte d'un jugement rendu le   , par le tribunal civil de   , et à nous produit.

(Pour les autres cas d'empêchement, ajouter à la formule de filiation correspondant au tableau synoptique — appendice A — placé à la fin des présentes formules d'actes, et à l'endroit du renvoi 220 qu'elle porte, celle des six énonciations de ce renvoi qui s'applique à la situation du futur.)

</td></tr>
<tr><td>Liberté filiale, résultant du statut personnel de l'étranger.</td><td>220 bis</td><td>

Si le futur époux est un étranger dispensé par les lois de son pays de demander le consentement de ses parents, substituer aux formules 216 à 220 ci-dessus la formule Z^x, correspondant au tableau synoptique — appendice A — placé à la fin des présentes formules d'actes.

</td></tr>
<tr><td>§ 6. — Français. La permission nécessaire, s'il est militaire.</td><td>221</td><td>

A. Officier, intendant, chirurgien. Ledit sieur   autorisé à contracter le présent mariage par permission du ministre de la guerre (*ou de la marine*) en date du   , qui demeurera ci-annexée.

B. Sous-officier, soldat au corps ou en congé temporaire. Ledit sieur   , autorisé à contracter le présent mariage par permission du conseil d'administration du corps, en date du   , qui demeurera ci-annexée.

</td></tr>
</table>

(A) Voyez le *nota bene* qui suit l'Index placé en tête de ce recueil.

N° 11. — Acte de mariage
formule universelle *(suite)* (A).

B². *Sous-officier ou soldat remplissant une fonction détachée, en vertu d'une commission spéciale.* Ledit sieur   autorisé à contracter le présent mariage par permission du Général commandant la subdivision régionale où il est de service, laquelle permission, en date du   , demeurera ci-annexée.

C¹. *Marin de l'inscription maritime.* Ledit sieur   autorisé à contracter le présent mariage par permission du conseil d'administration du bâtiment   *(ou de la division navale de   )* en date du   , qui demeurera ci-annexée.

C². *Agent appartenant au personnel entretenu de la marine.* Ledit sieur   autorisé à contracter le présent mariage, aux termes de la permission qui lui a été délivrée à la date du   , par le Préfet maritime de   *(ou par le directeur de l'établissement de   avec le visa du Préfet maritime de   )* et qui demeurera ci-annexée.

D. *Soldat de la classe non encore immatriculé.* Ledit sieur   , soldat non encore immatriculé, autorisé à contracter le présent mariage par permission du Général commandant le   corps d'armée, en date du   , qui demeurera ci-annexée.

1° *Si les lois de son pays obligent le futur époux étranger à obtenir l'autorisation de son gouvernement.* Ledit comparant muni, pour le présent mariage, de l'autorisation qui lui a été délivrée au nom du Gouvernement   par   , aux termes d'un acte signé de ce fonctionnaire le   , revêtu du timbre national français de   franc   centimes, et portant la mention suivante : « Enregistré à   , le   folio   , case   . Reçu   francs   centimes, signé   », laquelle autorisation, à nous produite, demeurera ci-annexée.

2° *Si les lois du pays du futur époux étranger ne l'astreignent à aucune autorisation et ne portent aucune prohibition pour cause civique ou civile.* Ledit comparant apte, d'après les lois de son pays, à contracter valablement le présent mariage, ainsi qu'il résulte d'un certificat délivré par l'Ambassadeur *(ou le chargé d'affaires)* de   à Paris, le   , timbré au timbre de France, enregistré à   , le   , folio   , case   au droit de   franc   centimes, et qui demeurera ci-annexé.

domiciliée de droit, depuis   , à   . *Si ce domicile n'a pas six mois de durée, ajouter :* auparavant, pendant plus de six mois, à   . *Et si le mariage est célébré dans une simple résidence de la future, ajouter encore :* et résidant de fait, depuis   mois, à   ,

m

(A) Voyez le *nota bene* qui suit l'Index placé en tête de ce recueil.

N° 11. — Acte de mariage
formule universelle (*suite*) (A).

Age de la future.	227	âgée de ans,
Lieu et date de naissance de la future.	228	née à , département de , le ,

Ou, si la future est enfant abandonnée : supposée née à   , département de   , vers le   , ainsi qu'il résulte d'un procès-verbal d'abandon inscrit, conformément à l'article cinquante-huit du Code civil, sur le registre des actes de naissance de ladite commune de   , le   ,

Ou, s'il n'a été dressé ni acte de naissance ni procès-verbal d'abandon : née à   , département de   , le   , ainsi qu'il résulte d'un acte de notoriété dressé pour suppléer l'acte de naissance, par le juge de paix du canton de   , en date du   ,

Etat de la future à l'égard de la dissolution d'un précédent mariage, s'il y a lieu.	229

Si le précédent mariage a été dissous,
— *Par suite de décès :* veuve de   (*prénoms et nom*) décédé à   , le   ,
— *Par suite de jugement d'annulation :* (comme au n° 215-2).
— *Par suite de divorce :* (comme au n° 215-3).

§ 10. — Filiation de la future.	230

Si la future épouse est enfant légitime ayant ses père et mère existants : fille de   (*prénoms, nom, profession, âge du père*) et de   (*prénoms, nom, profession, âge de la mère*), son épouse, demeurant ensemble à   ,

(*Pour les autres cas de filiation, se conformer à la formule correspondant à l'état filial de la future, indiqué au tableau synoptique — appendice A, — qui se trouve à la fin des présentes formules d'actes.*)

Accomplissement des devoirs filiaux justifié par le consentement des parents de la future.	231

Si les père et mère sont présents et consentent au mariage : tous les deux ici présents et consentants.

(*Pour les autres cas de consentement, insérer dans la formule de filiation correspondant au tableau synoptique — appendice A, — qui se trouve à la fin des présentes formules d'actes, et à l'endroit du renvoi 231 qu'elle porte, celle des cinq énonciations de ce renvoi qui s'applique à la situation de la future.*)

Accomplissement des devoirs filiaux justifié par des actes respectueux faits aux parents de la future.	232

Si la future épouse, enfant légitime, âgée de plus de 21 ans et de moins de 25 ans, n'a pas obtenu le consentement de ses père et mère et leur a fait des actes respectueux, substituer à la formule du n° 231 ci-dessus, celle-ci : ladite comparante agissant en vertu des droits que lui donne son âge, en raison de ce qu'elle a en vain demandé à ses père et mère leur consentement, aux termes de trois actes respectueux notifiés par maitre   , notaire à   , les   , et à nous produits.

(*Pour les autres cas d'actes respectueux, insérer dans la formule de filiation correspondant au tableau synoptique — appendice A, — placé à la suite des présentes formules d'actes, et à l'endroit du renvoi 232 qu'elle porte, celle des trois énonciations de ce renvoi qui s'applique à la situation de la future.*)

Décès des ascendants de la future.	233

Si les père et mère sont décédés, on ajoute à la suite de la profession de chacun d'eux, dans la formule 230 ci-dessus : décédé à   , département de   , le   , et on retranche de cette formule l'indication de l'âge et du domicile.

(A) Voyez le *nota bene* qui suit l'Index placé en tête de ce recueil.

N° 11. — Acte de mariage
formule universelle (*suite*) (A).

(Pour les cas de décès d'autres ascendants, ajouter à la formule de filiation correspondant au tableau synoptique — appendice A, — placé à la suite des présentes formules d'actes, et à l'endroit du n° 233 qu'elle porte, les lieux et dates de décès des ascendants qui sont décédés).

Empêchements physiques ou légaux des ascendants de la future.   234

Si le père de la future épouse est empêché, par suite d'absence déclarée ou ayant fait l'objet d'un jugement d'enquête, on retranche de la formule de filiation n° 230 ci-dessus l'indication de son âge et de son domicile, et on y substitue l'énonciation suivante : absent, ainsi qu'il résulte d'un jugement rendu le   , par le tribunal civil de   , et à nous produit.

(Pour les autres cas d'empêchement, ajouter à la formule de filiation correspondant au tableau synoptique — appendice A, — qui fait suite aux présentes formules d'actes, et à l'endroit du renvoi 234 qu'elle porte, celle des six énonciations de ce renvoi qui s'applique à la situation de la future.)

Liberté filiale résultant du statut personnel de l'étrangère.   234 *bis*

Si la future épouse est une étrangère dispensée par les lois de son pays de demander le consentement de ses parents, substituer aux formules 230 à 234 ci-dessus la formule Z^x. correspondant au tableau synoptique — appendice A, — placé à la fin des présentes formules d'actes.

Lesquels,

§ 11. — Dispense d'âge   235

après nous avoir déclaré que l   comparant   a obtenu du chef de l'État une dispense d'âge en date du   , enregistrée au greffe dn tribunal civil de   , et à nous produite,

Dispense de parenté ou d'alliance prohibée.   236

après nous avoir déclaré qu'ils ont obtenu une dispense du chef de l'État en raison du degré de parenté (*ou* d'alliance) qui existe entre eux comme   (*dire quelle est la parenté ou l'alliance*), ladite dispense en date du   , enregistrée au greffe du tribunal civil de   le   ,

Parenté ou alliance non prohibée.   237

après avoir déclaré qu'il n'existe entre eux d'autre parenté (*ou* alliance) que celle de   (*dire quelle est la parenté ou l'alliance*),

Apparence de parenté ou d'alliance.   238

après nous avoir déclaré qu'il n'existe entre eux aucune parenté ou alliance

Levée d'une prohibition civile particulière au pays de celui des futurs époux qui est étranger.   239

après nous avoir déclaré que l   comparant   a obtenu des autorités compétentes de son pays la levée de la prohibition de se marier avant d'avoir... (*dire quelle est la prohibition prononcée par la loi du pays de celui des futurs époux qui est étranger*), ce dont il nous a été justifié par un acte émanant de   , daté du   , revêtu du timbre national français et portant la mention suivante : « Enregistré à   , le   , folio   , case   . Reçu   francs   centimes, signé   », lequel acte restera annexé au présent acte de mariage,

§ 12. — Dates des publications faites dans la commune où est célébré le mariage.   240

nous ont requis de procéder à la célébration du mariage projeté entre eux, dont les publications ont été faites à la mairie de

---

(A) Voyez le *nota bene* qui suit l'Index placé en tête de ce recueil.

N° 11. — Acte de mariage
formule universelle (*suite*) (A).

N   , les dimanches   et   , ainsi qu'il résulte des actes inscrits à ces dates sur le registre des publications de cette commune, dont nous avons donné lecture,

Dates des publications faites dans les autres communes. 241
et dans les communes de   et de   , les dimanches et   ,

S'il y a eu dispense de seconde publication. 242
lesdites publications faites une seule fois, dispense de la seconde publication ayant été accordée le   ,
par le procureur de la République près le tribunal civil de   , suivant sa lettre en date du   , déposée au secrétariat de la mairie de N...   , et dont une expédition demeurera annexée au présent acte.

Mention qu'il n'y a pas eu d'opposition entre les mains de l'officier de l'état civil qui procède au mariage ou, s'il y en a eu, mention de leur mainlevée. 243
Aucune opposition ne nous ayant été signifiée
autre que celle faite à la requête de   , par exploit de,   , huissier à   , le   , de laquelle il a été donné mainlevée

Soit : par exploit de   , huissier à   , en date du   , revêtu de la signature de l'opposant et à nous signifié,

Soit : par acte passé devant maître   , notaire à   , le   , dont expédition nous a été produite,

Soit : par jugement du tribunal de première instance de   en date du   , notifié à l'opposant le   , et contre lequel il n'y a pas eu d'appel, ainsi qu'il résulte de la grosse dudit jugement, du certificat de maître   , avoué à   , en date du   , et du certificat du greffier dudit tribunal en date du   , lesquelles trois pièces nous ont été produites,

Soit : par jugement du tribunal de première instance de   , en date du   , confirmé par arrêt de la Cour d'appel de   , en date du   , lesquels jugement et arrêt nous ont été produits,

Soit, si l'opposition a été faite par les père et mère ou aïeuls qui assistent au mariage : de laquelle les opposants donnent ici mainlevée,

Nous, officier de l'état civil, faisant droit à la réquisition des parties,

Certificat des publications faites à d'autres municipalités, et mainlevée des oppositions qu'elles ont provoquées. 244
Vu les certificats délivrés les   , par lesquels les maires de   constatent que les publications ont été faites à leurs mairies aux dates ci-devant mentionnées, sans qu'il soit survenu d'opposition (*s'il y en a eu, ajouter* autre que celle   , etc. *même forme de libellé qu'au n° 243*),

Exception à la formalité des publications, en ce qui concerne le pays du futur époux étranger. 245
Vu le certificat de l'ambassadeur (*ou du chargé d'affaires ou du consul*) de   , délivré à la date du   et enregistré à   , le   , constatant que les lois de   , n'obligent à faire précéder les mariages d'aucune publication lorsque les futurs époux ont atteint l'âge de   ,

§ 13. — Mention de la production de l'acte établissant l'identité du futur époux. 246
Vu l'expédition de l'acte de naissance du futur époux (*ou le procès-verbal d'abandon, ou l'acte de notoriété ci-dessus

---

(A) Voyez le *nota bene* qui suit l'Index placé en tête de ce recueil

N° 11. — Acte de mariage
formule universelle (*suite*) (A).

énoncé, dressé pour suppléer l'acte de naissance du futur époux) ;

247 — Vu l'expédition de l'acte de décès de la précédente femme du futur époux, ci-dessus dénommée ;

Vu les expéditions des actes de décès du père, de la mère, de l'aïeul paternel (*et autres personnes s'il y a lieu*) du futur époux ;

OBSERVATION. *S'il y a lieu de viser ici l'acte portant consentement au mariage par des aïeuls ou par un tuteur* ad hoc *et contenant attestation d'identité, on relatera cette attestation par une mention appropriée dans la forme de celle-ci :* par lequel acte ledit sieur   atteste l'identité du futur époux en sa qualité de fils des personnes désignées ci-devant comme étant ses père et mère, bien que les prénoms et noms de ceux-ci aient été écrits de manières différentes dans l'acte de naissance du futur époux et dans leurs actes de décès.

248 — Vu l'expédition de l'acte de naissance de la future épouse (*ou le procès-verbal d'abandon, ou l'acte de notoriété ci-dessus* énoncé, dressé pour suppléer l'acte de naissance de la future épouse) ;

249 — Vu l'expédition de l'acte de décès du précédent mari de la future ;

Vu les expéditions des actes de décès des père et mère de la future ;

Viser encore toutes les autres pièces dont la production n'aurait pas été déjà indiquée, concernant la future.

Observation semblable à celle faite sous le n° 247 ci-dessus, pour le cas où une attestation d'identité se trouverait dans un acte de consentement visé, concernant la future.

250 — Vu l'arrêté du Président de la République, en date du   ci-dessus énoncé, accordant dispense aux futurs époux en raison de leur degré de parenté ;

251 — Vu l'acte de (*naissance, ou du consentement du père, etc.*) d   futur   épou   dressé en langue   (*si l'acte contient reconnaissance d'enfant naturel ou consentement à mariage, on ajoutera :* et portant mention de l'enregistrement fait sur la traduction ci-après énoncée); Vu l'acte de (*décès, ou du consentement de la mère, etc.*) d   futur   épou   dressé en langue   , ces derniers actes légalisés en dernier lieu par le ministre des affaires étrangères à Paris et frappés du timbre national de France (*ou bien :* visés pour timbre à   le   ) ; Vu la traduction de ces actes faite par certificats distincts écrits sur papier au timbre national français par le sieur   , interprète juré dont la signature a été également légalisée (*si la traduction porte sur des actes contenant reconnaissance d'enfant naturel ou consentement à mariage, on ajoutera :* sur l'un desquels certificats reproduisant l'acte de   est écrite la mention

---

Left-margin notes:

247 — Mention, si elle n'a déjà été faite, de la production des pièces établissant la capacité civile du futur, le consentement de ses parents ou les circonstances, actes et formalités qui en dispensent et sa capacité civique, et relation des attestations d'identité qu'elles contiennent.

248 — Mention de la production de l'acte établissant l'identité de la future épouse.

249 — Mention, si elle n'a déjà été faite, de la production des pièces établissant la capacité civile de la future, le consentement de ses parents, ou les circonstances, actes et formalités qui en dispensent, et relation des attestations d'identité qu'elles contiennent.

250 — Mention, si elle n'a déjà été faite, de la production des pièces relatives aux levées de prohibitions d'âge, de parenté et autres.

251 — Mention, si elle n'a déjà été faite, des formalités spéciales auxquelles ont dû être soumises les pièces venant de l'étranger.

(A) Voyez le *nota bene* qui suit l'index placé en tête de ce recueil.

N° 11. — Acte de mariage
formule universelle (*suite*) (A).

suivante : « Enregistré à . . , le , folio ,
case . Reçu francs centimes,
signé ») ;

252 Vu les autres pièces dont la production a été ci-devant mentionnée. De toutes lesquelles pièces en bonne et due forme,

253 parafées conformément à la loi pour rester annexées au présent acte de mariage, nous avons donné lecture (*ajouter s'il y a lieu :* sauf des pièces écrites en langue étrangère).

254 Vu, en outre, sur les registres de l'état civil de la commune de N... les actes de décès de .

255 A. *Attestation de l'identité de l'un des futurs par ses père et mère ou aïeuls.*

Si celui des futurs que les erreurs concernent est assisté de ses père et mère ou de l'un d'eux, l'attestation portera seulement sur sa qualité de fils (ou fille), et les énonciations mises entre les crochets [ ] et qui sont applicables à sa qualité de petit-fils (ou petite-fille) ne seront pas employées. S'il est assisté d'un ou plusieurs aïeuls, tout le texte sera employé.

Après que le père et la mère [*ou* le sieur N... et le sieur O..., aïeuls] d futur épou nous ont eu attesté l'identité de celui-ci (*ou* de celle-ci) en sa qualité de fils (*ou* fille) des personnes désignées au présent acte comme étant ses père et mère [et de petit-fils *ou* petite-fille des personnes désignées ci-dessus comme étant ses aïeuls aternels], bien que dans l'acte de naissance d dit futur épou on ait désigné ses père et mère avec des prénoms et noms écrits dans un ordre, en nombre et avec une orthographe différant des énonciations de lour acte de mariage dressé à la mairie de , le ,
et de leurs actes de naissance mentionnés audit acte de mariage [et bien que dans ces derniers actes de naissance et mariage on ait écrit les prénoms et noms des pères et mères des nouveau-nés ou ceux des mariés autrement qu'ils n'ont été écrits dans quelques-uns des actes produits ici en ce qui concerne les ascendants non présents, et dans le présent acte de mariage en ce qui concerne les aïeuls assistants] ;

B. *Attestation de l'identité de l'un des futurs, par les quatre témoins, pour les majeurs qui n'ont pas d'ascendants.* Après que les quatre témoins du présent acte, ci-après nommés, nous ont eu attesté l'identité d futur épou en sa qualité de fils (*ou* fille) des personnes désignées (*le reste comme ci-dessus, en s'arrêtant aux mots :* « dans quelques-uns des actes produits ici » ;

C. *Attestation de l'identité de l'un des futurs par le tuteur ad hoc, lorsqu'elle n'a pas été faite dans la délibération du conseil de famille. Après que le sieur , tuteur ad hoc* d futur épou , nous a eu attesté l'identité de celui-ci (*ou* de celle-ci) en sa qualité de fils (*ou* fille) des personnes désignées (*le reste comme à l'alinéa précédent*) ;

(A) Voyez le *nota bene* qui suit l'Index placé en tête de ce recueil.

Marginalia:

Visa général des autres pièces dont la production est mentionnée dans le corps de l'acte de mariage, et attestation de l'accomplissement régulier de toutes les formalités auxquelles étaient astreintes toutes les pièces produites.

Lecture, parafe et annexe des pièces produites.

Visa des actes de décès inscrits sur les registres de la commune où le mariage est célébré.

Attestation de l'identité de celui des futurs époux dont l'acte de naissance désigne ses père et mère avec moins de prénoms ou avec des noms orthographiés autrement que dans d'autres actes les concernant. (Avis du Conseil d'État du 19-30 mars 1808, paragraphes 1, 2 et 3.)

N° 11. — Acte de mariage
formule universelle (*suite*) (A).

Attestation de l'identité des père et mère ou aïeuls désignés dans leurs actes de décès autrement que dans d'autres actes. (Avis du Conseil d'Etat du 19-30 mars 1808, paragraphe 4.)|

256   *A. Attestation de l'identité du défunt père, de la défunte mère, ou d'un aïeul décédé, quand les futurs époux, mineurs, ont des ascendants présents.* Après que le père (*ou* la mère, *ou* le sieur et la dame aïeuls) d futur épou a (*ou* ont) eu attesté avec serment, en nos mains, l'identité de la personne décédée désignée ci-dessus comme étant le père (*ou* la mère, *ou* l'aïeul aternel) d dit futur épou , bien que, par suite d'erreurs, les prénoms et nom de ce défunt (*ou de cette* défunte) aient été écrits différemment dans son acte de décès et dans l'acte de (*indiquer quel autre acte*);

B. Attestation de l'identité du défunt père ou de la défunte mère d'un futur époux mineur assisté d'un tuteur ad hoc, *quand cette attestation n'a pas été faite dans la délibération du conseil de famille.* Après que le sieur , tuteur *ad hoc* d futur épou , a eu attesté avec serment en nos mains, l'identité de la personne désignée ci-dessus comme était le père (*ou* la mère) d dit futur épou , bien que, par suite d'erreurs, les prénoms et nom de ce défunt (*ou de* cette défunte) aient été écrits différemment dans son acte de décès et dans l'acte de (*indiquer quel autre acte*).

C. Attestation de l'identité du défunt père, de la défunte mère ou d'un aïeul décédé, quand les futurs époux sont majeurs. Après que les parties et les témoins ont eu attesté, avec serment en nos mains, l'identité de (*le reste comme au paragraphe A ci-dessus*);

Déclaration faite par les aïeuls de futurs époux mineurs ou majeurs, de la certitude du décès des père et mère dont les actes de décès ne peuvent être produits. (Application du paragraphe 1er de l'avis du Conseil d'Etat du 27 messidor-4 thermidor an XIII.)

Déclaration par les futurs époux majeurs, n'ayant plus aucun ascendant, de leur ignorance du dernier domicile et du lieu de décès de quelqu'un de leurs père, mère ou aïeuls. (Application du paragraphe 2 de l'avis du Conseil d'Etat du 27 messidor-4 thermidor an XIII.)

257   Le sieur et la dame , aïeuls aternels d futur épou , nous ayant attesté que les père et mère d dit futur épou , dont les actes de décès n'ont pu être produits faute de connaître leur dernier domicile, sont décédés;

257 *bis*   Les futurs époux nous ayant déclaré avec serment que le lieu du décès et celui du dernier domicile du père (*ou* de la mère, *ou* de l'aïeul aternel) d futur épou leur sont inconnus, laquelle déclaration a été certifiée, aussi avec serment, par les quatre témoins du présent acte ci-après nommés, lesquels nous ont affirmé que, quoiqu'ils connussent l futur épou , ils ignoraient le lieu du décès de sesdits ascendants et leur dernier domicile.

---

§ 14. — Déclaration sur l'existence ou la non-existence d'un contrat de mariage.
A. Déclaration par les futurs époux.
B. Et, s'ils sont assistés de personnes qui ont à donner leur consentement au mariage, — par celles-ci.
C. Qu'il a été fait un contrat de mariage, ou qu'il n'en a pas été fait.
D. S'il y a contrat, sa date, avec indication du nom et de la résidence du notaire qui l'a dressé.

258   Et après avoir reçu des futurs époux, ainsi que des personnes ici présentes pour autoriser le mariage,

la déclaration qu'il été fait contrat de mariage

reçu par maître , notaire à , le , ce que constate un certificat dudit notaire qui restera annexé au présent acte de mariage,

---

§ 15. — Lecture aux parties des articles de la loi réglant les droits et les devoirs respectifs des époux.

259   Avons lu aux parties les dispositions du Code civil comprises sous le chapitre six du titre du mariage, concernant les droits et les devoirs respectifs des époux,

---

Déclaration des contractants de se prendre pour époux.

260   et avons demandé au futur époux et à la future épouse s'ils vou-

---

(A) Voyez le *nota bene* qui suit l'Index placé en tête de ce recueil.

N° 11. — Acte de mariage
formule universelle (*suite*) (A).

laient se prendre pour mari et pour femme. Chacun d'eux ayant répondu séparément et affirmativement,

Prononcé de l'union.	261

nous avons prononcé, au nom de la loi, que (*prénoms et nom du futur*) et (*prénoms et nom de la future*) sont unis par le mariage.

Explication sur les moyens employés pour faire exprimer par des sourds ou sourds-muets et par des personnes ne comprenant pas la langue française leur consentement au mariage.	262

(*L'énonciation éventuelle du n° 262 ne sera faite qu'après la déclaration relative à la légitimation d'enfants, si l'acte de mariage comprend une déclaration de cette espèce.*)

§ 16. — Reconnaissance, pour légitimation, d'enfants nés des époux.	263

Et à l'instant, les époux ont déclaré reconnaître pour leurs enfants et vouloir légitimer par leur mariage : 1° (*prénoms*) né le , enregisté à la mairie de , comme fil de ; 2° (*prénoms*) né le , enregistré à la mairie de , comme fil de

§ 17. — Publicité de la célébration.	264
Prénoms, noms, âges, professions et domiciles des quatre témoins, leur déclaration s'ils sont parents ou alliés des parties, de quel côté et à quel degré.	265

Le tout a été fait publiquement

et en présence de

Lecture de l'acte. Indication des personnes qui ont apposé leurs signatures et mention de la cause qui a empêché quelqu'une des parties ou quelque témoin de signer.	266 267

Après lecture à eux faite du présent acte, les parties et les témoins l'ont signé avec nous, à l'exception de et de , lesquels ont individuellement déclaré ne savoir signer, ainsi que de , lequel a déclaré ne pouvoir signer à cause d'un accident qui paralyse en ce moment sa main droite, *ou* à cause de la cécité dont il est atteint.

N° 12. — Acte de transcription
de jugement de divorce (A).

	284

Date, mois, année et heure de l'acte.	34

Le mil huit cent quatre-vingt , à heure d ,

Prénoms et nom de l'officier de l'état civil.	36
Qualité de l'officier d'état civil.	6, 11, 36

Nous, ...

Si c'est le maire qui dresse l'acte : Maire de la commune de , canton de , arrondissement de , département de ;

Si c'est un autre officier public, se conformer aux indications de la formule n° 11, suivant le cas.

Titres honorifiques de l'officier d'état civil, s'il y a lieu.	38

A la suite de la réquisition à nous faite, au nom de (*prénoms, nom, profession et domicile*), par exploit du ministère de , huissier à , en date du , et sur la production : 1° de la grosse d'un jugement du tribunal civil de première instance de , en date du (*ou de la grosse d'un arrêt de la Cour d'appel de , en date du*), qui a prononcé le divorce de (*prénoms et nom*) et de (*prénoms et nom*) ; 2° d'un certificat de maître , avoué de la partie poursuivante, constatant que ledit jugement (*ou ledit arrêt*) a été signifié au domicile de l'autre partie le ; 3° d'un certificat du greffier du tribunal civil de première instance de , constatant qu'il n'existe contre le jugement ni opposition ni appel (*dans le cas où le document*

(A) Voyez le *nota bene* qui suit l'Index placé en tête de ce recueil.

N° 12. — Acte de transcription de jugement de divorce (*suite*).

---

produit pour être transcrit serait un arrêt de Cour d'appel, l'énonciation 3° ci-dessus serait remplacée par celle-ci : 3° d'un certificat de non-pourvoi, délivré par le greffier de la Cour d'appel),

Avons, en la maison commune, transcrit sur le présent registre le dispositif du jugement (*ou de l'arrêt*) ci-dessus daté, duquel dispositif la teneur suit : (*copier ce dispositif*).

De laquelle transcription nous avons dressé le présent acte que nous avons signé, après y avoir annexé la grosse du jugement (*ou de l'arrêt*) dont s'agit, les certificats et exploit ci-dessus mentionnés, préalablement parafés par nous.

Lieu où l'acte est dressé..	35
Signature de l'acte.	45
Parafe et annexe des pièces.	47

285

N° 13. — Mention
du jugement de divorce en marge de l'acte de mariage.

Divorce. — Par jugement du tribunal de première instance de   (*ou de la Cour d'appel de*   ), en date du mil huit cent   , dont le dispositif a été transcrit le   , sur le registre des actes de mariage de la commune de   , le tribunal (*ou la cour*) a prononcé le divorce de   (*prénoms et nom*) et de   (*prénoms et nom*) dont le mariage a eu lieu par l'acte ci-contre.

Pour mention faite par nous   (*nom*), Maire de la commune de   , sur le vu de la réquisition de   (*prénoms et nom*) susnommé, et — *soit* de l'expédition dudit acte de transcription portant la mention suivante : « Enregistré à   , le   , folio   , case   . Reçu   francs   centimes, signé   » — *ou* dudit acte de transcription.

A   , le   mil huit cent quatre-vingt   .
(*Signature.*)

N. B. — Une copie de la présente mention doit être envoyée, dans les trois jours, au procureur de la République.

301

N° 14. — Acte de la présentation d'un enfant sans vie
pour lequel il n'a pas été dressé d'acte de naissance (A).

Date, mois, année, heure de l'acte.	301-1°
Indication de la nature de l'acte.	301-2°
Sexe de l'enfant.	301-3°
(Si l'enfant est posthume, le dire).	105
(Si l'enfant est jumeau, le dire.)	106

Du   mil huit cent quatre-vingt   à   heure   du   ,

Acte de la présentation d'un enfant sans vie

du sexe   , fil

posthume (*a*)

jumeau premier né *ou* deuxième né

(A) Voyez le *nota bene* qui suit l'Index placé en tête de ce recueil.
(*a*) (*b*) Lorsqu'il s'agira de la présentation d'un enfant légitime posthume, on remplacera l'indication de l'âge du père par l'indication du lieu et de la date de son décès.

N° 14. — Acte de la présentation d'un enfant sans vie
(*suite*) (A).

Filiation de l'enfant.   301-4°

S'il est enfant légitime : de   (*prénoms, nom, profession, âge (b) du père*) *et de*   (*prénoms, nom, profession, âge de la mère*), *son épouse*; demeurant ensemble à   , rue   , n°   .

S'il est enfant naturel reconnu par son père, la mère désignée : de   (*prénoms, nom, profession, âge et domicile du père,* — *s'il est présent, dire :* lequel déclare s'en reconnaître le père, — *s'il est représenté par un mandataire, dire :* lequel s'en est reconnu le père, aux termes de la procuration ci-après énoncée), *et de*   (*prénoms, nom, profession, âge et domicile de la mère*), *non mariés.*

S'il est enfant naturel reconnu par son père, la mère non désignée : de   (*prénoms, nom, profession, âge et domicile du père,* — *s'il est présent, dire :* lequel déclare s'en reconnaître le père, — *s'il est représenté par un mandataire, dire :* lequel s'en est reconnu le père, aux termes de la procuration ci-après énoncée), *et de mère non désignée.*

S'il est enfant naturel non reconnu, sa mère désignée : de   (*prénoms, nom, profession, âge et domicile de la mère*), non mariée.

S'il est enfant naturel non reconnu, la mère non désignée : de père et de mère non désignés.

Prénoms et nom de l'officier   301-5°
d'état civil

Qualité de l'officier de l'état   301-5°
civil.

Dressé par nous .....

Si c'est le maire qui dresse l'acte : Maire, officier de l'état civil de la commune de   , canton de   , arrondissement de   , département de   .

En cas de délégation donnée par le maire à un adjoint : Adjoint au maire de la commune de   , canton de   , arrondissement de   , département de   , remplissant, par suite d'un arrêté de délégation du maire, en date du   , les fonctions d'officier de l'état civil de ladite commune (*c*),

En cas de délégation donnée par le maire à un conseiller municipal : Conseiller municipal de la commune de   , canton de   , arrondissement de   , département de   , remplissant en l'absence (*ou* en l'empêchement) des adjoints (*ou* de l'adjoint) et en vertu d'une délégation spéciale du maire, en date du   , les fonctions d'officier de l'état civil de ladite commune,

En cas d'absence ou d'empêchement du maire, sans délégation : premier (*ou* second) Adjoint, remplissant par suite d'absence (ou d'empêchement) du maire (*ajouter s'il y a lieu :* et du premier adjoint) les fonctions d'officier de l'état civil de la commune de   , canton de   , arrondissement de   , département de   ,

En cas d'absence ou d'empêchement du maire et des adjoints : Conseiller municipal de la commune de   , canton de   , arrondissement de   , département de   , remplissant,

---

(A) Voyez le *nota bene* qui suit l'Index placé en tête de ce recueil.
(b) Voyez la note (a) (b) au bas de la page précédente.
(c) Cette partie de formule, qui s'applique à toutes les communes de France, à l'exception de Paris, est la seule qui soit applicable à Lyon, sauf à substituer aux mots « commune de   » ceux de « premier ou second, etc., adjoint de la ville de   ».

N° 14. — Acte de la présentation d'un enfant sans vie
(*suite*) (A).

par suite de l'absence et de l'empêchement du maire, des adjoints et des conseillers les premiers inscrits au tableau des conseillers municipaux, les fonctions d'officier de l'état civil de ladite commune,

En cas où une commission spéciale remplace un conseil municipal dissous ou dont tous les membres sont démissionnaires : Président (*ou* Vice-Président en l'absence *ou* l'empêchement du président) de la commission spéciale nommée par décret en date du   , remplissant les fonctions de maire, officier de l'état civil de la commune de   , canton de   , arrondissement de   , département de   ,

En cas où l'acte est dressé par l'adjoint spécialement nommé pour recevoir les actes d'état civil dans la fraction de commune qu'il habite : Adjoint spécial chargé de remplir les fonctions d'officier de l'état civil dans la section dite   , dépendant de la commune de   , canton de   , arrondissement de   , département de   ,

Si c'est un adjoint qui dresse l'acte dans un des arrondissements de Paris : Adjoint au maire, officier de l'état civil du   arrondissement de la ville de Paris,

Titres honorifiques de l'officier d'état civil, s'il y a lieu.	301-5°

Sur la présentation de l'enfant à nous faite

Si la présentation est faite en l'absence du père, le dire (*d*).	301-6°

le père étant absent (*d*)

Par qui la présentation est faite.	301-7°

Si c'est par le père, par le père susnommé,

Si c'est par un mandataire du père (*e*) : par   (*prénoms, nom, profession, âge et domicile*), agissant au nom et comme mandataire du père susnommé, en vertu d'une procuration spéciale passée devant maître   , notaire à   , le   , dont l'expédition, parafée par ledit mandataire et par nous, demeurera annexée au présent acte.

A défaut du père, lorsque la mère est accouchée chez elle : par   (*prénoms, nom, profession, âge et domicile, — soit du docteur en médecine ou en chirurgie, — soit de la sage-femme, — soit de l'officier de santé, — soit de toute autre personne ayant assisté à l'accouchement*), l   quel   a assisté à l'accouchement.

A défaut du père, lorsque la mère est accouchée hors de chez elle, — soit comme au paragraphe ci-dessus, soit comme suit : par   (*prénoms, nom, profession, âge et domicile de la personne chez laquelle l'accouchement a eu lieu*), au domicile de qui la mère est accouchée,

Lieu de l'accouchement.	301-8°

L   quel   nous a déclaré que ledit enfant est sorti du sein de sa mère au domicile susdésigné dè ses père et mère (*ou* de sa mère, *ou* d   déclarant),

Date et heure de l'accouchement.	301-9°

le   , à   heure du   .

(A) Voyez le *nota bene* qui suit l'Index placé en tête de ce recueil.

(*d*) (*e*) Les mots « le père étant absent » ne seront pas inscrits dans l'acte lorsque la déclaration sera faite par le mandataire du père, ou lorsqu'il s'agira de la présentation d'un enfant posthume ou d'un enfant naturel non reconnu.

N° 14. — Acte de la présentation d'un enfant sans vie
(*suite*) (A).

Prénoms, noms, professions, âges et domiciles des deux témoins.	301-10°	Lesdites déclaration et présentation faites en présence de
Lieu où l'acte est dressé.	301-11°	Après la lecture que nous avons faite du présent acte, en notre
Lecture et signature de l'acte.	301-12°	mairie, au déclarant (*ou* à la déclarante) et aux témoins, ils l'ont signé avec nous.

N° 15. — Acte de décès (A).

302

Date, mois, année et heure de l'acte de décès.	303	Du mil huit cent quatre-vingt , à heure du
Prénoms, nom et domicile de la personne décédée.	304	Acte de décès de
Sa profession, ses titres et décorations s'il y a lieu, ou sa qualité d'enfant.	305	
Lieu du décès (*a*).	306	décédé suivant la déclaration des témoins ci-après nommés, à
Date et heure du décès.	307	le , à heure du , (*b*)
Age de la personne décédée.	308	âgé de
Lieu de sa naissance.	309	né à , canton de , arrondissement de , département de
Date de sa naissance si elle est connue.	310	le
Sa qualité de célibataire si, ayant atteint l'âge légal pour le mariage, elle n'a jamais été mariée, ou prénoms, nom, âge profession et domicile de l'autre époux, si la personne décédée était mariée ou veuve.	311	célibataire, *ou* épou de (*prénoms, nom, âge, profession et domicile*), *ou* marié : les noms de l'époux (*ou* l'épouse) inconnus aux déclarants, *ou* veuf (*ou* veuve) de (*prénoms et nom*) *ou* veuf (*ou* veuve) : les noms de l'époux (*ou* l'épouse) inconnus aux déclarants.
Prénoms, noms, professions et domicile des père et mère de la personne décédée (*c*).	312	fils (*ou* fille) de *ou* de père et mère dont les noms sont inconnus aux déclarants.
Prénoms et nom de l'officier d'état civil.	313	Dressé par nous .....
Qualité de l'officier d'état civil.	313	*Si c'est le maire :* Maire, officier de l'état civil de la commune de , canton de , arrondissement de , département de , *Si c'est un autre officier public, se conformer aux indications de la formule n° 14, suivant le cas.*
Titres honorifiques de l'officier d'état civil, s'il y a lieu.	313	
Mention que l'officier d'état civil s'est assuré du décès.	314	après nous être assuré du décès,
Prénoms, noms, professions, âges et domiciles des deux déclarants, et, s 'ils sont parents du défunt, leur degré de parenté.	315	sur la déclaration à nous faite par
Lecture de l'acte aux déclarants.	316	Après la lecture que nous leur avons faite du présent acte,
Lieu où l'acte est dressé.	317	en mairie,
Signature de l'acte.	318	ces deux témoins l'ont signé avec nous (*si l'un des témoins ou tous les deux ne pouvaient signer on le mentionnerait et on indiquerait la cause de l'empêchement*).

(A) Voyez le *nota bene* qui suit l'Index placé en tête de ce recueil.

(*a*) Le lieu du décès, quand il n'est pas le domicile, doit être exprimé de manière à ne pas faire connaître que le décès a eu lieu dans un hôpital, une prison ou tout autre endroit pouvant faire soupçonner le genre de mort ou une mort malheureuse.

(*b*) Si l'acte de décès est dressé dans une commune autre que celle du décès, on ajoutera ici : « et transporté, avant « que son identité ait été reconnue, à   , rue   , n°   . »

(*c*) L'indication du domicile des père et mère est remplacée, quand ils n'existent plus, par le mot « décédés ». Il n'y a pas à mentionner le lieu ni la date de leur décès, pas plus qu'il n'y a à mentionner le lieu ni la date du décès du précédent conjoint du défunt quand ce dernier est veuf.

APPENDICE A

Se rattachant à la formule universelle d'acte de mariage.

TABLEAU SYNOPTIQUE des diverses situations filiales des futurs époux classées en une série de lettres alphabétiques, auxquelles correspondent les formules d'énonciations applicables qui composent l'appendice B.

Iʳᵉ CATÉGORIE. — ENFANTS LÉGITIMES (a)

Père et mère existants.

Tous les deux consentant......................	Fils ou fille, quel que soit l'âge...........	A
Le père consentant, la mère refusant...........	Idem, Idem.	B
L'un en état d'empêchement, l'autre consentant...	Idem, Idem.	C
Tous les deux en état d'empêchement :		
— Quelque aïeul ou aïeule existant (1).		
— Tous les aïeuls décédés...................	Fils ou fille âgé de moins de 21 ans,......	D
	Fils ou fille âgé de 21 ans accomplis.......	E
La mère consentant, le père non..............	Fils âgé de moins de 25 ans. — Fille âgée de moins de 21 ans. (Ne peuvent se marier.)	
	Fils âgé de 25 ans. — Fille âgée de 21 ans accomplis	F
Tous les deux refusant......................	Fils âgé de moins de 25 ans. — Fille âgée de moins de 21 ans. (Ne peuvent se marier.)	
	Fils âgé de 25 ans. — Fille âgée de 21 ans accomplis	G

L'un des père et mère décédé.

Le survivant consentant,....................	Fils ou fille, quel que soit l'âge...........	H
Le survivant empêché :		
— Quelque aïeul ou aïeule existant (2)		
— Tous les aïeuls décédés...................	Fils et fille âgés de moins de 21 ans.......	I
	Fils et fille âgés de 21 ans accomplis.....	J
Le survivant refusant.......................	Fils âgé de moins de 25 ans. — Fille âgée de moins de 21 ans. (Ne peuvent se marier).	
	Fils âgé de 25 ans. — Fille âgée de 21 ans accomplis......................	K

Père et mère décédés.

Quelque aïeul ou aïeule existant (3)		
Tous les aïeuls décédés.....................	Fils et fille âgés de moins de 21 ans.. ...	L
	Fils et fille âgés de 21 ans accomplis......	M

Aïeuls existants, quand les père et mère sont décédés ou empêchés.

Tous consentant...........................	Fils et fille quel que soit leur âge........	N
L'aïeul (ou l'aïeule si son mari est décédé ou empêché) d'une ligne consentant, les autres refusant.....................................	Idem, Idem.	O
Tous ceux des aïeuls qui existent refusant, ou bien l'aïeul de chaque ligne refusant, d'autres empêchés ou non, ou bien la seule aïeule existante de l'une ou l'autre ligne refusant......	Fils âgé de moins de 25 ans. — Fille âgée de moins de 21 ans. (Ne peuvent se marier.)	
	Fils âgé de 25 ans. — Fille âgée de 21 ans accomplis......................	P
Tous empêchés..............................	Fils et fille âgés de moins de 21 ans........	Q
	Fils et fille âgés de 21 ans accomplis......	R

2ᵉ CATÉGORIE. — ENFANTS NATURELS RECONNUS PAR LEUR PÈRE ET PAR LEUR MÈRE (b)

Père et mère existants.

L'un et l'autre consentant...................	Fils et fille, quel que soit leur âge........	S
Le père consentant, la mère non..............	Idem, Idem.	T
L'un en état d'empêchement, l'autre consentant..	Idem, Idem.	U

(a) (b) Voyez encore les situations exceptionnelles classées dans la 6ᵉ catégorie.
(1) (2) (3) En ce qui concerne les aïeuls existants, voir les situations classées sous les lettres N et suivantes jusqu'à R.

Tous les deux en état d'empêchement...........	Fils et fille âgés de moins de 21 ans......	V
	Fils et fille âgés de 21 ans accomplis......	X
La mère consentant, le père non..............	Fils âgé de moins de 25 ans.—Fille âgée de moins de 21 ans. (Ne peuvent se marier.)	
	Fils de 25 ans et fille de 21 ans accompli.	Y
Tous les deux refusant.....................	Fils âgé de moins de 25 ans. — Fille âgée de moins de 21 ans. (Ne peuvent se marier.)	
	Fils de 25 ans et fille de 21 ans accompli.	Z

Père ou mère décédé.

Le survivant consentant.....................	Fils et fille, quel que soit leur âge........	Z^a
Le survivant empêché.....................	Fils et fille âgés de moins de 21 ans......	Z^b
	Fils et fille de 21 ans accomplis..........	Z^c
Le survivant refusant......................	Fils âgé de moins de 25 ans.—Fille âgée de moins de 21 ans. (Ne peuvent se marier.)	
	Fils de 25 ans et fille de 21 ans accomplis.	Z^d
Père et mère décédés.	Fils et fille âgés de moins de 21 ans........	Z^e
	Fils et fille âgés de 21 ans accomplis......	Z^f

3ᵉ CATÉGORIE. — ENFANT NATUREL RECONNU PAR SON PÈRE SEUL OU PAR SA MÈRE SEULE (c)

Père ou mère qui a fait acte de reconnaissance, vivant.

Consentant................................	Fils et fille, quel que soit leur âge........	Z^g
Empêché................................	Fils et fille âgés de moins de 21 ans......	Z^h
	Fils et fille âgés de 21 ans accomplis......	Z^i
Refusant.................................	Fils âgé de moins de 25 ans.— Fille âgée de moins de 21 ans. (Ne peuvent se marier.)	
	Fils de 25 ans et fille de 21 ans accomplis..	Z^j

Père ou mère qui a fait acte de reconnaissance, décédé.

	Fils et fille de moins de 21 ans.........	Z^k
	Fils et fille de 21 ans accomplis..........	Z^l

4ᵉ CATÉGORIE. — ENFANTS NATURELS NON RECONNUS

Mère désignée ou non, vivante ou décédée.	Fils et fille âgés de moins de 21 ans.......	Z^m
	Fils et fille âgés de 21 ans accomplis......	Z^n

5ᵉ CATÉGORIE. — ENFANTS TROUVÉS, PARENTS INCONNUS

Enfants qui n'ont pas été déposés aux hospices.	Fils et fille âgés de moins de 21 ans......	Z^o
	Fils et fille âgés de 21 ans accomplis......	Z^p
Enfants qui ont été déposés aux hospices.	Fils et fille âgés de moins de 21 ans.....	Z^q
	Fils et fille âgés de 21 ans accomplis......	Z^r

6ᵉ CATÉGORIE. — ENFANTS MORALEMENT ABANDONNÉS, PARENTS CONNUS

Ascendants privés entièrement de la puissance paternelle (1).	Fils et fille âgés de moins de 21 ans......	Z^s
	Fils et fille âgés de 21 ans accomplis......	Z^t
Ascendants privés partiellement de la puissance paternelle et refusant leur consentement (2).	Fils âgé de moins de 25 ans et fille âgée de moins de 21 ans....................	Z^u
	Fils âgé de 25 ans et fille âgée de 21 ans accomplis...........................	Z^v

CAS SPÉCIAL A CERTAINS ÉTRANGERS

Ascendants existants.	Étrangers dispensés par les lois de leur pays de demander le consentement de leurs parents........................	Z^x

---

(c) Voyez encore les situations exceptionnelles classées dans la 6ᵉ catégorie.

(1) En cas de déchéance totale de la puissance paternelle, les droits du père, et à défaut du père, les droits de la mère, quant au consentement au mariage, sont exercés par les mêmes personnes que si le père et la mère étaient décédés, à moins que le tribunal n'en ait autrement décidé (art. 14 de la loi du 24 juillet 1889). — La situation ici prévue ne se détache donc de celles comprises dans les catégories précédentes que s'il n'existe pas d'ascendants capables de donner un consentement valable, et si, à la suite de la déchéance des père et mère ou des autres ascendants, la tutelle, faute d'avoir été constituée dans les termes du droit commun, s'est trouvée dévolue à l'Assistance publique conformément à l'article 11 de ladite loi.

(2) Loi du 24 juillet 1889, articles 17 à 20.

APPENDICE B

Se rattachant à la formule universelle d'acte de mariage
en ce qui concerne la filiation des futurs époux.

N. B. — Les formules d'énonciations suivantes correspondent aux lettres alphabétiques de l'appendice A (tableau synoptique des diverses situations filiales des futurs époux). Celle qui s'applique à la situation en face de laquelle on se trouve doit être insérée, dans l'acte de mariage, à la place de l'énonciation qui est en regard du n° 216 pour le futur, et du n° 230 pour la future. Elle est à compléter par les énonciations dont elle donne le numéro, qui sont inscrites sur la page suivante et qui concernent le consentement des parents.

A. — Fils (*ou fille*) de (*prénoms, nom, profession, âge du père*), et de (*prénoms, nom, profession et âge de la mère*), sa femme, demeurant ensemble à , tous les deux (217-231-a).

B. — Fils (*ou* fille) de (*prénoms, nom, profession, âge du père*), et de (*prénoms, nom, profession, âge de la mère*), sa femme, demeurant ensemble à ; ledit (*prénoms et nom du père*) seul (217-231-a) à raison du dissentiment de la mère (218-232-c).

C. — Fils (*ou* fille) de (*prénoms, nom, profession, âge du père et son domicile s'il est connu*), et de (*prénoms, nom, profession, âge de la mère*), son épouse , (*son domicile s'il est connu*), le père, *ou* la mère) seul (217-231-a), la mère (*ou le père*) étant (220-234).

D. — Fils (*ou* fille) de (*prénoms, nom, profession, âge du père et son domicile s'il est connu*), et de (*prénoms, nom, profession, âge de la mère et son domicile s'il est connu*), sa femme, et petit-fils (*ou petite-fille*) du côté paternel de (*prénoms, noms, professions des deux aïeuls*) (219-233), et du côté maternel de (*prénoms, noms, professions des deux aïeuls*) (219-233); l dit comparant (217-231-b) n'ayant plus aucun ascendant en état de manifester sa volonté, en raison de ce que son père et sa mère, seuls vivants, sont le premier (220-234), la seconde (220-234).

E. — Fils (*ou fille*) de (*prénoms, nom, profession, âge du père et son domicile s'il est connu*), et de (*prénoms, nom, profession, âge de la mère et son domicile s'il est connu*), sa femme ; petit-fils (*ou petite-fille*) du côté paternel de (*prénoms, noms, professions des deux aïeuls*) (219-233), et du côté maternel de (*prénoms, noms, professions des deux aïeuls*) (219-233) ; l dit comparant procédant comme libre dans l'exercice de ses droits, par suite de ce qu'il (*ou elle*) n'a plus aucun ascendant en état de manifester sa volonté, son père et sa mère, seuls vivants, étant, le premier (220-234), la seconde (220-234).

F. — Fils (*ou* fille) de (*prénoms, nom, profession, âge et domicile du père*), et de (*prénoms, nom, profession, âge et domicile de la mère*), sa femme, celle-ci (217-231-a) ; l dit comparant agissant en vertu des droits que lui donne son âge, en raison de ce qu'il (*ou elle*) a demandé en vain le consentement de son père, aux termes d (218-232) acte respectueux notifié par maître , notaire à , le et à nous produit .

G. — Fils (*ou* fille) de (*prénoms, nom, profession, âge et domicile du père*), et de (*prénoms, nom, profession, âge et domicile de la mère*), sa femme ; l comparant agissant en vertu des droits que lui donne son âge, en raison de ce qu'il (*ou elle*) a demandé en vain à ses père et mère leur consentement, aux termes d (218-232), acte respectueux notifié par maître , notaire à , le et à nous produit .

H. — Fils (*ou fille*) de (*prénoms, nom, profession du père **) ; *s'il existe* : (217-231-a) ; et de (*prénoms, nom, profession de la mère **) ; *si elle existe* : (217-231-a).

I. — Fils (*ou* fille) de (*prénoms, nom, profession du père **), et de (*prénoms, nom, profession de la mère **), sa femme ; petit-fils (*ou petite-fille*) du côté paternel de (*prénoms, noms, professions, dates et lieux de décès des deux aïeuls*), et du côté maternel de (*prénoms, noms, professions, dates et lieux de décès des deux aïeuls*) ; l dit comparant (217-231-b), n'ayant plus aucun ascendant autre que son père (*ou sa mère*), et celui-ci (*ou celle-ci*) étant (220-234).

J. — Fils (*ou* fille) de (*prénoms, nom, profession du père **), et de (*prénoms, nom, profession de la mère **), sa femme ; petit-fils (*ou petite-fille*) du côté paternel de (*prénoms, noms, professions, dates et lieux de décès des deux aïeuls*) ; et du côté maternel de (*prénoms, noms, professions, dates et lieux de décès des deux aïeuls*) ; procédant comme libre dans l'exercice de ses droits, en raison de ce qu'il (*ou elle*) n'a plus aucun ascendant autre que son père (*ou sa mère*), et celui-ci (*ou celle-ci*) étant (220-234).

K. — Fils (*ou* fille) de (*prénoms, nom, profession du père **), et de (*prénoms, nom, profession de la mère **), sa femme ; l comparant agissant en vertu des droits que lui donne son âge, en raison de ce qu'il (*ou elle*) a demandé en vain le consentement de son père (*ou de sa mère*), aux termes de (218-232) acte respectueux notifié par maître , notaire à , le et à nous produit .

L. — Fils (*ou* fille) de (*prénoms, nom, profession, date et lieu de décès du père*), et de (*prénoms, nom, profession, date et lieu de décès de la mère*), sa femme ; petit-fils (*ou petite-fille*) du côté paternel de (*prénoms, noms, professions, dates et lieux de décès des deux aïeuls*) ; et du côté maternel de (*prénoms, noms, professions, dates et lieux de décès des deux aïeuls*) ; l dit comparant n'ayant plus aucun ascendant (217-231-b).

M. — Fils (*ou* fille) de (*prénoms, nom, profession, date et lieu de décès du père*), et de (*prénoms, nom, profession, date et lieu de décès de la mère*), sa femme ; petit-fils (*ou petite-fille*), du côté paternel de (*prénoms, noms, professions, dates et lieux de décès des deux aïeuls*), et du côté maternel de (*prénoms, noms, professions, dates et lieux de décès des deux aïeuls*) ; l dit comparant procédant comme libre dans l'exercice de ses droits, en raison de ce qu'il (*ou elle*) n'a plus aucun ascendant.

N. — Fils (*ou* fille) de (*prénoms, nom, profession du père **), et de (*prénoms, nom, profession de la mère **), sa femme ; petit-fils (*ou petite-fille*) du côté paternel de (*prénoms, noms, professions des deux aïeuls **), et du côté maternel de (*prénoms, noms, professions des deux aïeuls **) ; lesdits (*noms des aïeuls survivants*) (217-231-a) [le père étant (220-234) et la mère étant (220-234] (**).

(*) Age et domicile, si le domicile est connu, ou date et lieu de décès (219-233).
(**) Quand les père et mère ou aïeuls sont décédés, la mention de leur décès rend inutiles les indications qui sont destinées à énoncer leurs empêchements et qui sont comprises entre les deux crochets [], aux formules N. O. P. Q. R.

APPENDICE B'

Se rattachant à la formule universelle d'acte de mariage
en ce qui concerne le consentement des parents ou les circonstances
qui en dispensent.

N. B. — Les formules d'énonciations suivantes complètent celles de la filiation des futurs époux, qui y renvoient par leurs numéros dans la page précédente. Elles sont à insérer, dans l'acte de mariage, à la place des énonciations inscrites en regard des nᵒˢ 217, 218, 219, 220, pour le futur, et des nᵒˢ 231, 232, 233 et 234 pour la future.

217-231. — *Consentement des parents ou de ceux qui les représentent.*
(a) *Père, mère, aïeuls et aïeules consentant*
Par leur présence : ici présents et consentants.
Par acte : ayant donné son (*ou leur*) consentement au présent mariage, suivant acte reçu par maître   , notaire à   , le   , à nous produit.
(b) *Conseil de famille :* autorisé à contracter le présent mariage par délibération du Conseil de famille prise sous la présidence du juge de paix du canton de   le   , dont l'expédition nous a été produite.
(c) *Tuteur ad hoc :* autorisé à contracter le présent mariage par   (*prénoms, nom, profession, âge et demeure*), son tuteur *ad hoc*, nommé par délibération du Conseil de famille, prise sous la présidence du juge de paix du canton de   le   , dont l'expédition nous a été produite, laquelle autorisation est (*ou a été*) donnée par ledit tuteur *ad hoc, soit :* ici présent et consentant, *soit :* aux termes d'un acte reçu par maître   , notaire à   , le   , dont l'expédition nous a été produite.
(d) *Conseil d'administration de l'hospice* (ou *directeur de l'Administration générale de l'Assistance publique à Paris*) :   élève de l'hospice de   (*ou* des hospices dépendant de l'Administration générale de l'Assistance publique de Paris), autorisé à contracter le présent mariage, *soit :* aux termes d'une délibération en date du   , prise par le Conseil d'administration dudit hospice et à nous produite, *soit :* aux termes d'un acte de consentement en date du   , délivré dans la forme administrative par le directeur de ladite Administration et à nous produit.

218-232. — *Actes respectueux.*
(a) Trois (*pour les fils de moins de 30 ans et pour les filles de moins de 25 ans*).
(b) Un (*pour les fils ayant 30 ans et pour les filles ayant 25 ans accomplis*).
(c) *Dissentiment :* non consentant d'après un acte reçu par maître   , notaire à   , le   , qui nous a été produit.

219-233. — *Mention du décès des ascendants.*
Décédé à   , département d   , le   .

220-234. — *Empêchements physiques ou légaux des ascendants.*
(a) *Absence déclarée ou ayant fait l'objet d'un jugement d'enquête :* absent, ainsi qu'il résulte d'un jugement rendu le   par le tribunal civil de   , et à nous produit.
(b) *Absence non déclarée :* absent sans qu'on ait eu de ses nouvelles depuis   ans, ainsi qu'il résulte d'un acte de notoriété dressé le   , par le juge de paix du canton de   , dont dépend la commune de   , où le dit sieur   avait son dernier domicile connu, lequel acte nous a été produit.
(c) *Démence sans interdiction :* hors d'état de manifester sa volonté, ainsi qu'il résulte d'un certificat du docteur N..., médecin en chef (*ou directeur*) de l'hospice de   , en date du   , lequel nous a été produit et porte la mention suivante : « Enregistré à   le   , folio   , case   » Reçu   franc   centimes. Signé :   ».
(d) *Interdiction pour démence :* dans l'impossibilité légale de donner son consentement, ainsi qu'il résulte d'une décision judiciaire rendue à   le   , dont l'extrait nous a été produit.
(e) *Interdiction à cause de condamnation :* (*Même rédaction qu'au paragraphe* (d) *ci-dessus.*)
(f) *Déchéance de la puissance paternelle* (*Loi du 24 juillet 1889, art. 1 à 9 et art. 14*) : privé de la puissance paternelle aux termes d'un jugement (*ou* arrêt) rendu à   le   , à nous produit.

APPENDICE B

Se rattachant à la formule universelle d'acte de mariage en ce qui concerne la filiation des futurs époux.

(*Suite.*)

O. — Fils (*ou* fille) de   (*prénoms, nom, profession du père* ★), et de   (*prénoms, nom, profession de la mère* ★), sa femme ; petit-fils (*ou* petite-fille) du côté paternel de   (*prénoms, noms, professions des deux aïeuls* ★), et du côté maternel de   (*prénoms, noms, professions des deux aïeuls* ★); lesdits   (*noms des aïeuls consentants*) seuls (217-231-a), à raison du dissentiment des autres aïeuls (218-232-c), [le père étant (220-234) et la mère étant (220-234)] (★★).

P. — Fils (*ou* fille) de   (*prénoms, nom, profession du père* ★), et de   (*prénoms, nom, profession de la mère* ★), sa femme ; petit-fils (*ou* petite-fille) du côté paternel de   (*prénoms, noms, professions des deux aïeuls* ★), et du côté maternel de   (*prénoms, noms, professions des deux aïeuls* ★); l   dit   comparant   agissant en vertu des droits que lui donne son âge, en raison de ce qu'il (*ou* elle) a demandé en vain leur consentement à ses aïeuls paternels (*ou* à son aïeul paternel *ou* à son aïeule paternelle) et à ses aïeuls maternels (*ou* à son aïeul maternel, *ou* à son aïeule maternelle) ci-dessus nommés, aux termes d   (218-232) actes respectueux, dont l   expédition   nous   été produite   , notifié   par maître   , notaire à   , le   , [le père étant (220-234), la mère étant (220-234), et les autres ascendants survivants étant ledit   (*indiquer lequel*) (220-234) et ladite   (*indiquer laquelle*) (220-234)] (★★).

Q. — Fils (*ou* fille) de   (*prénoms, nom, profession du père* ★), et de   (*prénoms, nom, profession de la mère* ★), sa femme ; petit-fils (*ou* petite-fille) du côté paternel de   (*prénoms, noms, professions des deux aïeuls* ★), et du côté maternel de   (*prénoms, noms, professions des deux aïeuls* ★); l   dit   comparant   (217-231-b) en raison de ce qu'il (*ou* elle) n'a plus aucun ascendant en état de manifester sa volonté, son [père et sa mère et son] aïeul *ou* aïeule du côté paternel, son aïeul *ou* aïeule du côté maternel étant le premier (220-234), le second (220-234); *continuer s'il y a lieu* (★★).

R. — Fils (*ou* fille) de   (*prénoms, nom, profession de la mère* ★), et de   (*prénoms, nom, profession de la mère* ★), sa femme ; petit-fils (*ou* petite-fille) du côté paternel de   (*prénoms, noms, professions des deux aïeuls* ★), et du côté maternel de   (*prénoms, noms, professions des deux aïeuls* ★); l   dit   comparant   libre dans l'exercice de ses droits, n'ayant plus aucun ascendant en état de manifester sa volonté, en raison de ce que son [père, *ou* sa mère *ou* son] aïeul *ou* aïeule du côté paternel, son aïeul *ou* aïeule du côté maternel sont le premier (220-234), le second (220-234) ; *continuer s'il y a lieu* (★★).

S. — Fils (*ou* fille) naturel   de   (*prénoms, nom, profession, âge et domicile du père*), et de   (*prénoms, nom, profession, âge et domicile de la mère*), tous les deux (217-231-a).

T. — Fils (*ou* fille) naturel   de   (*prénoms, nom, profession, âge et domicile du père*), et de   (*prénoms, nom, profession, âge et domicile de la mère*) ; le père seul (217-231-a), à raison du dissentiment de la mère (218-232-c).

U. — Fils (*ou* fille) naturel   de   (*prénoms, nom, profession, âge et domicile du père*), et de   (*prénoms, nom, profession, âge et domicile de la mère*) ; le père (*ou* la mère) seul   (217-231-a), la mère (*ou* le père) étant (220-234).

V. — Fils (*ou* fille) naturel   de   (*prénoms, nom, profession, âge et domicile du père*), et de   (*prénoms, nom, profession, âge et domicile de la mère*), le père (220-234), la mère (220-234) ; l   dit   comparant   (217-231-c).

X. — Fils (*ou* fille) naturel   de   (*prénoms, nom, profession, âge et domicile du père*), et de   (*prénoms, nom, profession, âge et domicile de la mère*) ; l   dit   comparant   libre dans l'exercice de ses droits, son père étant (220-234), et sa mère étant (220-234).

Y. — Fils (*ou* fille) naturel   de   (*prénoms, nom, profession, âge et domicile du père*), et de   (*prénoms, nom, profession, âge et domicile de la mère*) ; la mère seule (217-231-a) ; l   dit   comparant   agissant en vertu des droits que lui donne son âge, en raison de ce qu'il (*ou* elle) a demandé en vain le consentement de son père, aux termes d   (218-232) acte   respectueux qui nous   été produit   , notifié par maître   , notaire à   , le   .

Z. — Fils (*ou* fille) naturel   de   (*prénoms, nom, profession, âge et domicile du père*), et de   (*prénoms, nom, profession, âge et domicile de la mère*); l   comparant   agissant en vertu des droits que lui donne son âge, en raison de ce qu'il (*ou* elle) a demandé en vain leur consentement à son père et à sa mère respectivement, savoir : à son père aux termes d   (218-232), acte   respectueux qui nous   été produit   , notifié   par maître   , notaire à   , le   , et à sa mère, aux termes d   (218-232) acte   respectueux qui nous   été produit   , notifié   par maître   , notaire à   , le   .

Zᵃ. — Fils (*ou* fille) naturel   de   (*prénoms, nom, profession du père* ★) ; *s'il existe:* (217-231-a) ; et de   (*prénoms, nom, profession de la mère* ★) ; *si elle existe :* (217-231-a).

Zᵇ. — Fils (*ou* fille) naturel   de   (*prénoms, nom, profession du père* ★), et de   (*prénoms, nom, profession de la mère* ★), le père (*ou* la mère) (220-234) ; l   dit   comparant   (217-231-c).

Zᶜ. — Fils (*ou* fille) naturel   de   (*prénoms, nom, profession du père* ★), et de   (*prénoms, nom, profession de la mère* ★) ; l   dit   comparant   libre dans l'exercice de ses droits, le survivant de ses père et mère étant (220-234).

Zᵈ. — Fils (*ou* fille) naturel   de   (*prénoms, nom, profession du père* ★), et de   (*prénoms, nom, profession de la mère* ★) ; l   comparant   agissant en vertu des droits que lui donne son âge, en raison de ce qu'il (*ou* elle) a demandé en vain le consentement de son père (*ou* sa mère), aux termes d   (218-232) acte   respectueux qui nous   été produit   , notifié par maître   , notaire à   , le   .

(★) Âge et domicile, si le domicile est connu, ou date et lieu du décès (219-233).
(★★) Quand les père et mère ou aïeuls sont décédés, la mention de leur décès rend inutiles les indications qui sont destinées à énoncer leurs empêchements et qui sont comprises entre les deux crochets [], aux formules N. O. P. Q. R.

APPENDICE B'

Se rattachant à la formule universelle d'acte de mariage
en ce qui concerne le consentement des parents ou les circonstances
qui en dispensent.

(*Suite.*)

217-231. — *Consentement des parents ou de ceux qui les représentent.*
(a) *Père, mère, aïeuls et aïeules consentant*
Par leur présence : ici présents et consentants.
Par acte : ayant donné son (*ou* leur) consentement au présent mariage, suivant acte reçu par maître   ,
notaire à   , le   , à nous produit.
(b) *Conseil de famille :* autorisé à contracter le présent mariage par délibération du Conseil de
famille, prise sous la présidence du juge de paix du canton de   le   , dont l'expédition nous a été
produite.
(c) *Tuteur ad hoc :* autorisé à contracter le présent mariage par   (*prénoms, nom, profession, âge et
domicile*), son tuteur *ad hoc*, nommé par délibération du Conseil de famille prise sous la présidence du juge
de paix du canton de   le   , dont l'expédition nous a été produite, laquelle autorisation est (*ou* a été)
donnée par ledit tuteur *ad hoc, soit :* ici présent et consentant, *soit :* aux termes d'un acte reçu par maître   ,
notaire à   , le   , dont l'expédition nous a été produite.
(d) *Conseil d'administration de l'hospice (ou directeur de l'Administration générale de l'Assistance
publique à Paris) :*   élève de l'hospice de   (*ou* des hospices dépendant de l'Administration générale
de l'Assistance publique de Paris), autorisé à contracter le présent mariage, *soit :* aux termes d'une délibération en date du   , prise par le Conseil d'administration dudit hospice et à nous produite, *soit :* aux
termes d'un acte de consentement en date du   , délivré dans la forme administrative par le directeur de
ladite Administration et à nous produit.

218-232. — *Actes respectueux.*
(a) Trois (*pour les fils de moins de 30 ans et pour les filles de moins de 25 ans*).
(b) Un (*pour les fils ayant 30 ans et pour les filles ayant 25 ans accomplis*).
(c) *Dissentiment :* non consentant d'après un acte reçu par maître   , notaire à   , le   , qui
nous a été produit.

219-233. — *Mention du décès des ascendants.*
Décédé à   , département d   , le

220-234. — *Empêchements physiques ou légaux des ascendants.*
(a) *Absence déclarée ou ayant fait l'objet d'un jugement d'enquête :* absent, ainsi qu'il résulte d'un jugement rendu le   par le tribunal civil de   , et à nous produit.
(b) *Absence non déclarée :* absent sans qu'on ait eu de ses nouvelles depuis   ans, ainsi qu'il résulte
d'un acte de notoriété dressé le   par le juge de paix du canton de   , dont dépend la commune
de   , où ledit sieur   avait son dernier domicile connu, lequel acte nous a été produit.
(c) *Démence sans interdiction :* hors d'état de manifester sa volonté, ainsi qu'il résulte d'un certificat du
docteur N..., médecin en chef (*ou* directeur) de l'hospice de   , en date du   , lequel nous a été produit
et porte la mention suivante : « Enregistré à   le   , folio   , case   . Reçu   franc   .
centimes. Signé :   ».
(d) *Interdiction pour démence :* dans l'impossibilité légale de donner son consentement, ainsi qu'il résulte
d'une décision judiciaire rendue a   le   , dont l'extrait nous a été produit.
(e) *Interdiction pour cause de condamnation : (Même rédaction qu'au paragraphe* (d) *ci-dessus.)*
(f) *Déchéance de la puissance paternelle (Loi du 24 juillet 1889, art. 1 à 9 et art. 14) :* privé de la puissance paternelle, aux termes d'un jugement (*ou* arrêt) rendu à   , le   , à nous produit.

APPENDICE B

Se rattachant à la formule universelle d'acte de mariage
en ce qui concerne la filiation des futurs époux.

(Suite.)

Z[e]. — Fils (*ou* fille) naturel de (*prénoms, nom, profession, date et lieu du décès du père*), et de (*prénoms, nom, profession, date et lieu du décès de la mère*); 1 dit comparant (217-231-c).

Z[f]. — Fils (*ou* fille) naturel de (*prénoms, nom, profession du père*), décédé à , département d , le , et de (*prénoms, nom, profession de la mère*), décédée à département d , le ; 1 dit comparant libre dans l'exercice de ses droits par suite du décès de ses père et mère.

Z[g]. — Fils (*ou* fille) naturel de (*prénoms, nom, profession, âge et domicile de celui des père et mère qui a fait acte de reconnaissance*); (217-231-a) (***).

Z[h]. — Fils (*ou* fille) naturel de (*prénoms, nom, profession, âge et domicile de celui des père et mère qui a fait acte de reconnaissance*) (220-234); 1 dit comparant (***) 217-231-c.

Z[i]. — Fils (*ou* fille) naturel de (*prénoms, nom, profession, âge et domicile de celui des père et mère qui a fait acte de reconnaissance*) ; 1 dit comparant (***) agissant comme libre dans l'exercice de ses droits, son père (*ou* sa mère) susnommé étant (220-234).

Z[j]. — Fils (*ou* fille) naturel de (*prénoms, nom, profession, âge et domicile de celui des père et mère qui a fait acte de reconnaissance*); 1 dit comparant (***) agissant en vertu des droits que lui donne son âge, en raison de ce qu'il (*ou* elle) a demandé en vain le consentement de son père (*ou* sa mère), aux termes d (218-232) acte respectueux qui nous été produit , notifié par maître , notaire à , le .

Z[k] — Fils (*ou* fille) naturel de (*prénoms, nom, profession, date et lieu du décès de celui des père et mère qui a fait acte de reconnaissance*) ; 1 dit comparant (***) (217-231-c).

Z[l]. — Fils (*ou* fille) naturel d (*prénoms, nom, profession, date et lieu du décès de celui des père et mère qui a fait acte de reconnaissance*) ; 1 dit comparant (***) agissant comme libre dans l'exercice de ses droits par suite du décès de son père (*ou* sa mère) susnommé .

Z[m]. — Fils (*ou* fille) naturel non reconnu , désigné dans son acte de naissance comme enfant de (*prénoms et nom de la mère désignée, en ajoutant, si elle est décédée :* laquelle est décédée à le); 1 dit comparant (217-231-c).

Z[n]. — Fils (*ou* fille) naturel non reconnu , désigné dans son acte de naissance comme enfant de (*prénoms et nom de la mère désignée, en ajoutant, si elle est décédée :* laquelle est décédée à le), procédant comme libre dans l'exercice de ses droits.

Z[o]. — Fils (*ou* fille) de parents non connus, ainsi qu'il résulte du procès-verbal d'abandon (*ou* de l'acte de notoriété) tenant lieu d'acte de naissance, ci-dessus énoncé (217-231-c).

Z[p]. — Fils (*ou* fille) de parents non connus, d'après le procès-verbal d'abandon (*ou* l'acte de notoriété) tenant lieu d'acte de naissance, ci-dessus énoncé ; laquelle situation a été affirmée par 1 comparant qui nous a déclaré avec serment que sa filiation lui est inconnue, et par les quatre témoins du présent acte, ci-après nommés, lesquels nous ont déclaré aussi avec serment que, quoiqu'ils connussent 1 futur épou , ils ont toujours ignoré sa filiation; 1 dit comparant libre, par suite, dans l'exercice de ses droits.

Z[q]. — Fils (*ou* fille) de parents non connus, ainsi qu'il résulte du procès-verbal d'abandon (*ou* de l'acte de notoriété) tenant lieu d'acte de naissance, ci-dessus énoncé ; 1 dit comparant (217-231-d).

Z[r]. — Fils (*ou* fille) de (*même formule que* **Z[p]** *ci-dessus*).

Z[s]. — Fils (*ou* fille) de (*prénoms, nom, profession du père ****) et de (*prénoms nom, profession de la mère ****), sa femme; petit fils (*ou* petite-fille) (a) du côté paternel de (*prénoms, nom, profession de l'aïeul ****), et de (*prénoms, nom, profession de l'aïeule ****), sa femme, et du côté maternel de (*prénoms, nom, profession de l'aïeul ****), et de (*prénoms, nom, profession de l'aïeule ****), sa femme; 1 dit comparant resté sans ascendants en droit de consentir à son mariage, agissant avec l'autorisation qui lui a été donnée par l'inspecteur des enfants assistés du département de (*ou* par le directeur de l'administration générale de l'Assistance publique de Paris), aux termes d'un acte de consentement délivré en la forme administrative, le , à nous produit.

Z[t]. — *Suivant que les futurs époux sont enfants légitimes ou enfants naturels, employer l'une ou l'autre dés formules* **B, X, Z[e], Z[i]** *dans lesquelles entre la mention de l'empêchement par déchéance* (220-234-f).

Z[u]. — Fils (*ou* fille) de (*prénoms, nom, profession du père *****), et de (*prénoms, nom, profession de la mère ****), sa femme ; petit-fils (*ou* petite-fille) du côté paternel de (*prénoms, nom, profession de l'aïeul ****), et de (*prénoms, nom, profession de l'aïeule ****), sa femme, et du côté maternel de (*prénoms, nom, profession de l'aïeul ****), et de (*prénoms, nom, profession de l'aïeule ****), sa femme; 1 dit comparant autorisé à contracter le présent mariage, à défaut du consentement de ses ascendants, par jugement du tribunal civil de première instance de en date du , à nous produit.

Z[v]. — *La formule applicable est la même que pour les futurs époux dont les parents n'ont été aucunement privés de la puissance paternelle, c'est-à-dire, suivant que les futurs époux sont enfants légitimes ou enfants naturels, l'une ou l'autre des formules* **G, K, P, Z, Z[d], Z[i]**, *lesquelles mentionnent les actes respectueux qui ont été nécessairement faits.*

Z[x]. — Fils (*ou* fille) de (*prénoms, nom, profession, âge et domicile du père*), lequel est de nationalité , étant né à le , et de (*prénoms, nom, profession, âge et domicile de la mère*); s'ils sont décédés, le mentionner ; 1 dit comparant libre, à cause de sa même nationalité , d'exercer ses droits civils pour le mariage, sans avoir à demander le consentement de ses parents, en vertu des lois de son pays, ce qui résulte de la circulaire du ministre de français en date du (*ou* d'un certificat de l'ambassadeur, *ou* du chargé d'affaires, *ou* du consul de , résidant à , en date du , qui nous a été produit, lequel, revêtu du timbre national français, porte la mention suivante : « Enregistré à le , folio , case . Reçu franc centimes : Signé : »).

(***) Quand c'est le père seul qui a reconnu l'enfant, on ajoute ici : « 1 dit comparant non reconnu par sa mère » et si elle est décédée, on ajoute encore « laquelle est décédée à..., le... »

(****) Lieu et date de son décès, ou son âge et son domicile et, s'il y a lieu à son égard : (220-234).

(a) Il ne sera fait mention de la qualité de petit-fils (*ou* de petite-fille) et des aïeuls et aïeules que si les père et mère étant décédés ou empêchés pour des causes autres que celle de l'abandon moral de leurs enfants, ce sont des aïeuls qui ont été privés d'une partie de la puissance paternelle.

APPENDICE B'

Se rattachant à la formule universelle d'acte de mariage
en ce qui concerne le consentement des parents ou les circonstances
qui en dispensent.

(Suite.)

217-231. — *Consentement des parents ou de ceux qui les représentent.*
(a) *Père, mère, aïeuls et aïcules consentant.*
Par leur présence : ici présents et consentant.
Par acte : ayant donné son (*ou* leur) consentement au présent mariage, suivant acte reçu par maître   ,
notaire à   , le   , à nous produit.
(b) *Conseil de famille :* autorisé à contracter le présent mariage par délibération du Conseil de famille,
prise sous la présidence du juge de paix du canton de   le   , dont l'expédition nous a été
produite.
(c) *Tuteur ad hoc :* autorisé à contracter le présent mariage par   (*prénoms, nom, profession, âge et
domicile*), son tuteur *ad hoc* nommé par délibération du Conseil de famille, prise sous la présidence du juge de
paix du canton de   le   , dont l'expédition nous a été produite, laquelle autorisation est (*ou* a été)
donnée par ledit tuteur *ad hoc, soit :* ici présent et consentant, *soit :* aux termes d'un acte reçu par maître   ,
notaire à   , le   , dont l'expédition nous a été produite.
(d) *Conseil d'administration de l'hospice* (ou *directeur de l'Administration générale de l'Assistance
publique à Paris*) :   élève de l'hospice de   (*ou* des hospices dépendant de l'Administration générale
de l'Assistance publique de Paris), autorisé à contracter le présent mariage, *soit :* aux termes d'une délibération en date du   , prise par le Conseil d'administration dudit hospice et à nous produite, *soit :* aux
termes d'un acte de consentement en date du   , délivré dans la forme administrative par le directeur de
ladite Administration et à nous produit.

218-232. — *Actes respectueux.*
(a) Trois (*pour les fils de moins de 30 ans et pour les filles de moins de 25 ans*).
(b) Un (*pour les fils ayant 30 ans et pour les filles ayant 25 ans accomplis*).
(c) *D ssentiment :* non consentant d'après un acte reçu par maître   , notaire à   , le   , qui
nous a été produit.

219-233. — *Mention du décès des ascendants.*
Décédé à   , département d   , le   .

220-234. — *Empêchements physiques ou légaux des ascendants.*
(a) *Absence déclarée ou ayant fait l'objet d'un jugement d'enquête :* absent, ainsi qu'il résulte d'un jugement rendu le   par le tribunal civil de   , et à nous produit.
(b) *Absence non déclarée :* Absent sans qu'on ait eu de ses nouvelles depuis   ans, ainsi qu'il résulte
d'un acte de notoriété dressé le   par le juge de paix du canton de   , dont dépend la commune
de   , où ledit sieur   avait son dernier domicile connu, lequel acte nous a été produit.
(c) *Démence sans interdiction :* hors d'état de manifester sa volonté, ainsi qu'il résulte d'un certificat du
docteur N..., médecin en chef (*ou* directeur) de l'hospice de   , en date du   , lequel nous a été
produit et porte la mention suivante: « Enregistré à   le   , folio   , case   . Reçu
franc   centimes. Signé :   ».
(d) *Interdiction pour démence :* dans l'impossibilité légale de donner son consentement, ainsi qu'il résulte
d'une décision judiciaire rendue à   , le   , dont l'extrait nous a été produit.
(e) *Interdiction pour cause de condamnation :* (*Même rédaction qu'au paragraphe (d) ci-dessus*).
(f) *Déchéance de la puissance paternelle* (*Loi du 24 juillet 1889, art. 1 à 9 et art. 14*) : privé de la puissance paternelle, aux termes d'un jugement (*ou* arrêt) rendu à   le   , à nous produit.

APPENDICE C

Se rattachant à l'accomplissement des formalités préalables au mariage.

<table>
<tr><td>165
205
alinéa B</td><td>Note-répertoire
de l'officier de l'état civil, relative au mariage projeté.</td></tr>
</table>

MAIRIE de

Il y a promesse de mariage

Entre :

Prénoms, nom et profession du futur, ses titres et décorations s'il en a.	181	M
Domicile du futur.	182	demeurant
Sa qualité de mineur, mineur quant au mariage, ou majeur.	183	m
Son âge (à indiquer dans l'acte de mariage).	184, 213	âgé de
Lieu et date de sa naissance (à indiquer dans l'acte de mariage seulement).	214	né à , département de , le
Son état de veuf ou d'époux divorcé avec indic. des prén. et nom de sa précéd. épouse.	185	
Filiation du futur (prén., noms profess. de ses père et mère, leur domicile s'ils existent, mention qu'ils sont décédés ou empêchés s'il y a lieu).	186, 187	fils de
Désignation des personnes remplaçant les père et mère s'il y a lieu.	187 obs. 217, 218	

Et

Prénoms, nom et profession de la future.	188	Mademoiselle
Son domicile.	189	demeurant
Sa qualité de mineure ou majeure.	190	m
Son âge (à indiquer dans l'acte de mariage seulement).	191, 227	âgée de
Lieu et date de sa naissance (à indiquer dans l'acte de mariage seulement).	228	née à , département de , le
Son état de veuve ou d'épouse divorcée, avec indic. des prén. et nom de son préc. conjoint.	192	
Filiation de la future (prénoms, noms, profes. de ses père et mère, leur domicile s'ils existent, mention qu'ils sont décédés ou empêchés s'il y a lieu).	193, 194	fille de
Désignation des personnes remplaçant les père et mère s'il y a lieu.	194 obs. 231, 232	
Approbation par les futurs ou leurs parents.	164	

Approuvé et certifié véritable, ce   18   .

La future,   *Le futur,*

Dates des publications dans la présente mairie :
1re — Dimanche...
2e — Dimanche...

N. B. — Les pièces, renseignements et justifications nécessaires pour la célébration du mariage sont indiqués sur les autres pages de cette feuille.

---

(1) La présente *Note-Répertoire* se vend en une feuille double disposée avec colonnes pour l'inscription des réponses aux questions et de manière à servir d'enveloppe de dossier.

On peut se la procurer au prix de 10 centimes l'exemplaire (port en sus), à la librairie Cotillon, Pichon successeur, à Paris, rue Soufflot, n° 24, et chez M Miscopein, à Nogent-sur-Marne (Seine) ;

Et au prix de 10 francs le cent (port en sus), à la librairie Paul Dupont, à Paris, rue du Bouloi, n° 4.

Note-répertoire (*suite*).

Publications au dehors.	168 à 171	Les **publications** de la promesse de mariage doivent encore être faites :

A

A

A

A

A

Notes officielles de publication.	166	Les **notes officielles** pour faire les publications dans ces localités ont été remises par le maire aux futurs époux ?
Notice pour les futurs époux.	167	La **notice des pièces**, renseignements et justifications qui restent à fournir (a) a été remise à celui des futurs époux qu'elle concerne, pour être rapportée par lui avec les documents demandés ?
Acquit des frais.	164, 174 269	Le futur époux *n'ayant pas* produit de **certificat d'indigence** (164) .. doit... payer les frais des publications faites dans la présente commune et ceux du certificat de célébration : en tout, 1 fr. 80 ?
Date du mariage.	206, 207	La **célébration** du mariage aura lieu en mairie le à heure .
	263	Avec **légitimation** d'enfants?... (Voyez d'autre part, § 16.)

Renseignements et pièces nécessaires pour le présent mariage.

TABLEAU INDICATIF des renseignements et pièces nécessaires pour la célébration des mariages, d'après les situations possibles (b).

§ 1. — *Date, heure et lieu de la célébration du mariage*, (206, 207). Le jour sera indiqué par les parties, trois jours à l'avance, lorsqu'elles auront apporté à la mairie tous les renseignements et documents désignés dans la colonne ci-contre. L'heure sera fixée par l'officier de l'état civil. Le mariage sera célébré à la mairie, à moins d'impossibilité pour l'un des futurs de quitter son domicile par suite de maladie grave. Dans ce cas, produire un certificat de médecin, sur papier timbré, légalisé et enregistré.

§ 2. — *Individualité du futur* (181, 209, 210). Produire acte de naissance, *ou pour les enfants trouvés*, procès-verbal d'abandon ou d'exposition, *ou* acte de notoriété.

Si le futur a droit de porter des titres honorifiques ou nobiliaires, quels sont les documents représentés pour en justifier ?

§ 3. — *Domicile du futur* (182, 211). Produire certificat du propriétaire ou de voisins, dûment légalisé.

§ 4. — *Capacité civile du futur* (184, 185, 212 à 215 *ter*). Le futur a-t-il, d'après son acte de naissance, atteint l'âge légal de 18 ans? (Si non, voyez § 11.)

Si le futur a déjà été marié. Produire — Acte de décès de la précédente femme, — *ou* Jugement annulant le précédent mariage du futur, — *ou* Acte de divorce.

(a) Une formule a été imprimée pour faire l'usage de cette notice. On y a inséré les recommandations que les futurs époux ne doivent pas oublier au moment où ils viennent à la mairie pour fixer le jour et l'heure de la célébration de leur mariage. Il y en a de nature délicate qu'il ne conviendrait pas toujours de dire de vive voix et qui sont pourtant d'une extrême importance.

On trouve cette formule, au prix de 5 centimes l'exemplaire (port en sus), à la librairie Cotillon, Pichon successeur, à Paris, rue Soufflot, n° 24, et chez M. Miscopein, à Nogent-sur-Marne (Seine).

(b) La marge est réservée pour inscrire, en regard de chaque indication, les renseignements et pièces nécessaires au mariage dont on s'occupe, et pour mentionner la production de ces pièces lorsqu'elles ont été produites.

Note-répertoire *(suite)*.

Renseignements et pièces nécessaires pour le présent mariage.
(Suite).

§ 5. — *Filiation du futur. Son état de dépendance à l'égard de ses parents. Consentement de ceux-ci ou pièces qui tiennent lieu de ce consentement* (186, 187, 216 à 220 *bis*). Le consentement des père et mère (ou de ceux qui les remplacent) sera-t-il donné par leur présence au mariage? ou par acte notarié? ou par simple production de délibération?

Ou bien, le consentement sera-t-il remplacé par — Actes respectueux à tous les ascendants ou à quelques-uns? — Actes de décès de tous les ascendants ou de quelques-uns? — Preuves d'empêchement de tous les ascendants ou de quelques-uns? — Autorisation du tribunal, en cas de refus de parents privés en partie de la puissance paternelle?

§ 6. — *Capacité civique du futur époux français, capacité civique et civile du futur époux étranger* (221, 222). — *Français* (221). Produire permission militaire, ou preuves de l'accomplissement des obligations du recrutement, si le futur a plus de 20 ans et moins de 45 ans.

Étranger (222). Produire certificat d'aptitude légale.

§ 7. — *Individualité de la future* (188, 223, 224). Produire acte de naissance, *ou* procès-verbal d'abandon, *ou* acte de notoriété.

§ 8. — *Domicile de la future* (189, 225). Produire certificat du propriétaire ou de voisins, dûment légalisé.

§ 9 — *Capacité civile de la future* (190 à 192, 226 à 229). La future a-t-elle, d'après son acte de naissance, atteint l'âge légal de 15 ans? (Si non, voyez § 11.)

Si la future a déjà été mariée. Produire — Acte de décès du précédent mari, — *ou* Jugement annulant le précédent mariage de la future, — *ou* Acte de divorce.

Y a-t-il dix mois écoulés depuis la dissolution du mariage?

§ 10. — *Filiation de la future. Son état de dépendance à l'égard de ses parents. Consentement de ceux-ci, ou pièces qui tiennent lieu du consentement* (193, 194, 230 à 234 *bis*). Le consentement des père et mère (ou de ceux qui les remplacent) sera-t-il donné par leur présence au mariage? ou par acte? ou par simple production de délibération?

Ou bien le consentement sera-t-il remplacé par — Actes respectueux à tous les ascendants ou à quelques-uns? — Actes de décès de tous les ascendants ou de quelques-uns? — Preuves de l'empêchement de tous les ascendants ou de quelques-uns? — Autorisation du tribunal, en cas de refus de parents privés en partie de la puissance paternelle?

§ 11. — *Parenté entre les deux futurs. Manque d'âge ou d'autres conditions civiles légales. Levée de prohibitions* (235 à 239). Produire arrêté portant la dispense, suivant le cas.

Y a-t-il parenté non prohibée, ou seulement apparence de parenté entre les futurs?

§ 12. — *Publications. Absence d'oppositions, ou levée des op-*

Note-répertoire (*suite*).

positions faites (240 à 245). Produire — Certificats de publication et de non-opposition délivrés, trois jours après la dernière
publication, par les maires des communes où les futurs époux ont
leurs domiciles, ainsi que par les maires des communes où de-
meurent les personnes dont les futurs dépendent pour se marier
(Voir l'indication de ces mairies à la page qui précède le présent
tableau), — Dispense de seconde publication, — Mainlevée des
oppositions faites, — Preuves de l'impraticabilité des publications
à l'étranger.

§ 13. — *Authenticité des pièces produites. Défauts à couvrir.
Déclarations concernant des pièces non produites* (246 à 257).
Toutes les pièces produites ont-elles été soumises aux formalités
de légalisation, de timbre et d'enregistrement auxquelles elles
sont assujetties?

(Le seul examen des pièces par l'officier de l'état civil lui suf-
fira pour en juger.)

Dates des actes de décès de précédents conjoints ou d'ascendants, qui sont inscrits à la mairie du lieu du mariage et qui
doivent être énoncés dans l'acte de mariage.

Y a-t-il dans ces actes et dans les pièces produites, des différences légères pouvant être l'objet de déclarations indiquées dans
l'avis du Conseil d'État du 19-30 mars 1808?

(L'officier de l'état civil seul tranchera cette question, après
avoir examiné les actes et les pièces, et refusera d'admettre les
actes et pièces où se trouveraient des différences graves nécessi-
tant rectification par jugement.)

Y a-t-il impossibilité pour les parties de se procurer des actes
de décès? Lesquels? et pour quelle cause?

Pourra-t-il être passé outre au moyen d'une déclaration con-
forme à celle indiquée par l'avis du Conseil d'État des 27 messi-
dor-4 thermidor an XIII?

§ 14. — *Contrat de mariage* (258). Y a-t-il contrat de mariage attesté par certificat de notaire?

§ 15. — *Consentement des contractants* (262). Les futurs
époux sont-ils en état de contracter librement et de s'expliquer
clairement à ce sujet?

(L'officier de l'état civil doit prendre les moyens nécessaires
pour juger ce fait sans questionner personne.)

§ 16. — *Légitimation d'enfants* (263). La notice remise à
chacun des futurs époux, pour leur indiquer les justifications et
pièces restant à produire par eux, a appelé leur attention sur ce
sujet. Ont-ils annoncé qu'il y a lieu à légitimation?

S'il y a des enfants à légitimer. Les futurs ont-ils produit les
bulletins de naissance des enfants à légitimer?

Ont-ils l'intention de faire enregistrer l'expédition de l'acte de
mariage contenant reconnaissance des enfants?

Ont-ils confié au maire le soin de remplir toutes les formalités
nécessaires et versé la dépense dans ses mains?

Note-répertoire (*suite*).

Ont-ils, à cet effet, signé à l'avance et remis au maire leur réquisition de mentionner la légitimation en marge des actes de naissance?

(Indiquer ci-contre, pour les insérer dans l'acte de mariage, les renseignements nécessaires concernant chaque enfant, savoir : son sexe, ses prénoms, nom, date et lieu de naissance.)

§ 17. — *Publicité. Témoins. Lecture. Signatures* (265, 267). Rendre à la mairie, dûment rempli, le cadre se trouvant sur la notice mentionnée au paragraphe ci-dessus, destiné à énoncer les prénoms, noms, professions, âges et domiciles des quatre témoins; à indiquer s'ils sont parents ou alliés des parties, de quel côté et à quel degré, et à faire connaître aussi celles des parties et ceux des témoins qui ne peuvent signer, avec la cause de l'empêchement de chacun.

N. B. — *En cas d'indigence* (164). Les futurs époux doivent produire le certificat prescrit par l'article 6 de la loi du 10 décembre 1850 en autant d'exemplaires que la situation l'exige.

Paris. — Imprimerie PAUL DUPONT (Cl.) 1294.1.92.